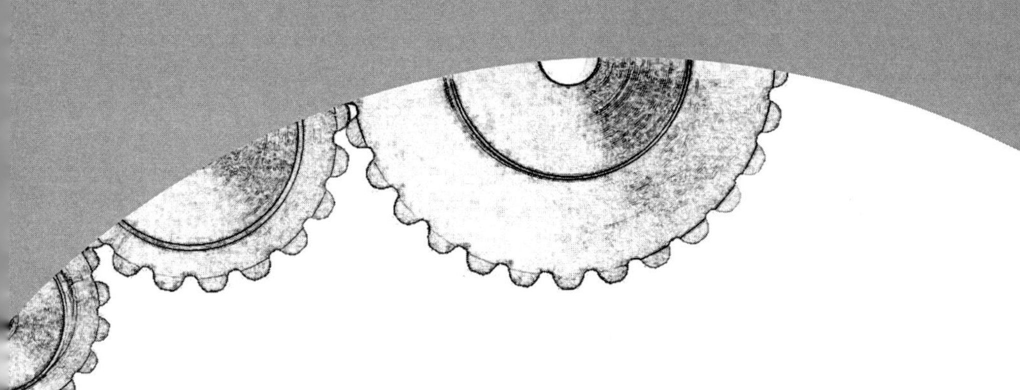

무결점 군수품 품질확보의 처음과 마지막

통계적 품질관리

안남수 주진천 정지선 박종완 전영진 공저

등장인물과 관계도

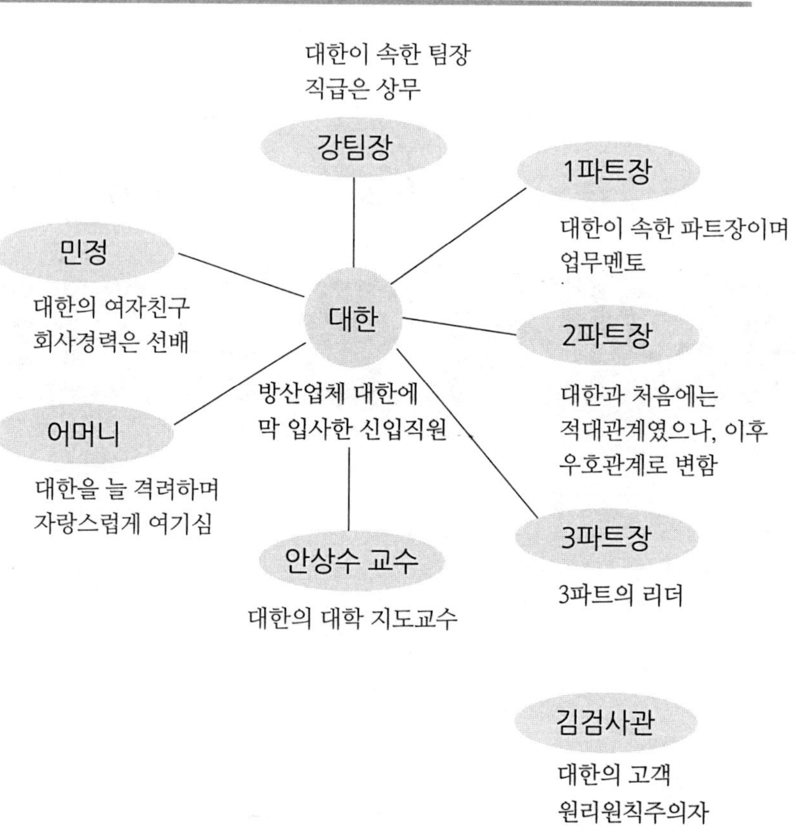
대한이 속한 팀장
직급은 상무
강팀장
1파트장
대한이 속한 파트장이며
업무멘토
민정
대한의 여자친구
회사경력은 선배
대한
2파트장
방산업체 대한에
막 입사한 신입직원
대한과 처음에는
적대관계였으나, 이후
우호관계로 변함
어머니
대한을 늘 격려하며
자랑스럽게 여기심
3파트장
안상수 교수
3파트의 리더
대한의 대학 지도교수
김검사관
대한의 고객
원리원칙주의자

대한 :

방산업체 대한 품질보증팀에 막 입사한 신입직원.

여러 가지 일들을 겪으며 어엿한 회사원으로 성장해 나감

민정 :

대한의 여자친구.

대한의 상황을 이해해 주며 적극적으로 도움을 주려함

김영준 :

대한 품질보증팀 1 파트장.

대한의 직속상관이면서 대한의 멘토 역할을 담당

2 파트장 :

대한과 같은 팀 소속 2파트의 리더.

초기에는 대한과 적대적 관계였으나 갈등 해결이후 대한을 지원

3 파트장 :

대한과 같은 팀 소속 3파트의 리더

강종원 :

대한 품질보증팀의 팀장이며 직급은 상무

회사의 업무에 안주하지 않으며 끊임없이 개선하고자 함

안상수 :

대한의 대학시절 지도교수

대한이 겪는 일들에 대해 다양한 시각에서 도움을 주려고 함

김검사관 :

국과기술연구원 소속의 연구원, 원리원칙 주의자

머리말

품질관리란 참 어렵습니다. 노력하고 잘해도 성과가 쉽게 드러나지 않고, 못하면 욕을 먹는 업무입니다. 특히 군수품 품질의 경우 전쟁의 승패를 좌우한다는 점에서 생산의 여러 구성 요소 중 매우 중요한 위치를 차지합니다.

효율적인 품질관리를 위해 샘플링, 관리도, 실험계획법 등 여러 가지 통계적인 방법론들이 많이 고안되었으나, 실제 품질현장에서는 이러한 방법론들을 적용하기가 생각보다 쉽지 않습니다. 이는 통계적인 개념을 능수능란하게 사용하기에는 넘어야 할 산이 생각보다 높기 때문입니다.

본 소설은 그러한 아쉬움에서 시작되었습니다. 5명의 저자는 모두 군수품 품질현장 일하였고, 각자의 아쉬움과 에피소드들을 모아 하나의 이야기 형태로 묶었습니다. 각자 군수품 품질이라는 공통점을 지녔지만, 모두 근무 지역(안남수: 울산, 주진천·정지선: 진주, 박종완: 여수, 천영진: 대전)이 달라 본 소설에 대한 아이디어를 도출한 이후에 많은 시간이 흐르고 나서야 비로소 본 책이 완성될 수 있었습니다.

이 책을 군수품 품질 관련 업무를 하시는 분들이 부담 없이 읽고, 지금도 군수품 품질향상을 높이기 위해 수고하시는 모든 관계자분들에게 조금이나마 위로가 되었으면 합니다.

또한, 군수품 품질 관련 업무 관련자가 아니더라도 통계적 품질관리를 알고자 하시는 분들에게 소개 자료로는 충분할 것입니다.

마지막으로 이 글의 교정 작업을 꼼꼼히 맡아주었으며, 재미없는 일화들의 과감한 칼질을 해준 울산과학대학교 안전및산업경영과 차민경 조교에게 감사의 마음을 전합니다.

저자일동

차례

첫 출근은 걱정 반 설렘 반

대한은 6시 스마트폰의 알람 소리에 눈을 떴다. 누구에게는 평소와 다를 바 없는 월요일 아침이겠지만, 대한에게 무척 특별한 월요일 아침이다. 왜냐하면, 오늘이 근무부서로의 첫 출근 날이기 때문이다. 정성스럽게 면도와 세수를 하고 나오니 어머니께서 준비하신 밥과 비역국 냄새가 구수하다.

"오늘이 근무부서로 첫 출근이라면서? 밥 든든히 먹고 가야 해."

하지만 긴장이 되어서인지 밥이 잘 넘어가지 않는다. 몇 숟가락 먹는 둥 마는 둥 하고 우유 한 잔을 들이키고 이내 식탁을 일어서려 하니, 어머니께서 손에 바나나, 견과류 그리고 두유 한 개를 쥐여 주신다.

"버스 타고 가면서 먹어. 한 시간이나 가야 하잖아. 견과류를 아침마다 먹으면 머리가 맑아진대."

"알겠어요."

대한이 양복을 입고 현관으로 가 구두를 신으려고 하니, 어머니께서 대한의 옷매무새와 구두를 유심히 살펴보고 계신다.

"양복 색깔하고 구두 색깔하고 안 맞는 것 같은데."

"괜찮아요. 어차피 회사 가면 근무복과 근무화로 갈아 신고 근무한다고 했어요. 저는 품질보증팀이라 생산현장에 출입할 일이 많아서 첫 주만 양복 입고 출근하면 돼요."

"그래도 엄마 생각에는 검은색 구두를 신으면 좋을 것 같은데, 아들 생각은 어때?"

"음. 내일부터 신을게요. 다녀오겠습니다."

대한은 얼른 현관문을 나서고 승강기 내려가는 버튼을 누른 후 올라오기를 기다렸다. 대한이네 집은 아파트에서도 최고층인 30층이라 늘 승강기가 올라오는 데는 시간이 걸렸다.

'오늘이 실질적으로 첫 출근이구나. 입사 동기들 역시 모두 나와 같은 심정이겠지. 걱정 반 설렘 반, 뭐야 양념 반 프라이드 반도 아니고.'

대한은 혼자 웃었다.

'내가 근무할 품질보증팀은 무얼 하는 곳일까? 품질을 보증한다는 것으로 봐서는 매우 책임감이 있는 부서인 것 같은데……. 뭐 열심히 하면 되겠지. 어차피 학교 선배들이 회사 가서 배워 일하면 다 한다고 했으니까.'

대한은 대학에서 산업공학을 전공하였고, 취업이 확정된 회사는 국내에서 손꼽히는 방위산업체이었다. 대한은 그 모든 시간이 꿈만 같았다. 취업이 어려운 시기에 남들이 모두 부러워하는 회사에 입사를 하다니…….

다른 대학 동기들은 입사 지원만 100번 하고, 면접에서만 수십 번 떨어졌다는데, 대한은 단 3번 만에 회사에 합격했다.

처음 두 군데 회사는 자동차 관련 협력회사들이었는데, 첫 번은 서류전형에서 탈락, 두 번째는 면접에서 탈락했다.

대한의 경우는 산업공학의 여러 전공분야, 즉 생산관리, 품질관리, 안전관리, 정보관리, 인간공학, 경영과학 등등 다양한 분야 중에서 품질관리 관련 과목을 집중적으로 듣고, 좀 더 깊은 지식이 필요한 통계 과목의 경우는 통계학과에 가서 수업을 듣기도 했다. 방학 때는 6시그마 그린벨트, 품질기법 운용사, 품질경영기사 자격증 등 품질 관련 자격증 등을 집중적으로 취득하였는데 이런 점이 세 번째 회사, 즉 방위산업체 면접관에게 좋은 인상을 준 것 같았다.

특히 면접관이 웃으며 묻는 말은 대한에게 합격의 기분 좋은 예감을 주었다.

"자네는 품질맨이네? 품질이 그렇게 좋은가?"

대한이 입사한 방위산업체는 주요 방산업체로 분류되며 주로 화력 무기체계 및 지휘통제 · 통신 무기체계 등 다양한 방위산업 물자를 생산하는 업체였다.

대한은 회사까지 가는 216번 버스 안에서 대학 졸업 후 입사 전까지 일어났던 여러 가지 일들을 회상하며 회사로 향했다.

방위산업체란?

방위산업체라 함은 방위산업물자를 생산하는 업체로 대통령령이 정하는 시설기준과 보안요건 등을 갖추어 산업 통산자원부 장관업체로부터 지정을 받은 업체를 말한다.

방위산업물자란?

방위산업물자란 무기체계로 분류된 물자(통신망 등 지휘통제 · 통신 무기체계, 레이다 등 감시 · 정찰무기체계, 전차 · 장갑차 등 기동무기체계, 전투함 등 함정무기체계, 전투기 등 항공무기체계, 자주포 등 화력무기체계, 대공유도무기 등 방호무기체계, 모의분석 · 모의훈련 소프트웨어, 전투력 지원을 위한 필수시설 및 장비 등 그 밖의 무기체계)중에서 안정적인 조달원 확보 및 엄격한 품질보증이 필요한 물자를 말하며, 방위사업청장이 지정한다.

무기체계란?

무기체계란 유도무기 · 항공기 · 함정 등 전장(戰場)에서 전투력을 발휘하기 위한 무기와 이를 운영하는데 필요한 장비 · 부품 · 시설 · 소프트웨어 등 제반요소를 통합한 것을 말한다.

방위산업체의 분류

방산업체는 주요방산업체와 일반방산업체로 나누어지는데, 총포류 그 밖의 화력장비, 유도무기, 항공기, 함정, 탄약, 전차 · 장갑차 그 밖의 전투기동장비, 레이더 · 피아식별기 그 밖의 통신 · 전자장비, 야간투시경 그 밖의 광학 · 열상장비, 전투공병장비, 화생방장비, 지휘 및 통제장비, 그 밖에 방위사업청장이 군사전략 또는 전술운용에서 중요하다고 인정하여 지정하는 물자를 생산하는 업체는 주요방산업체로 그 외의 방산물자를 생산하는 업체는 일반방산업체로 지정한다.

표 1 국내 방위산업체 현황(2014년 기준)

	주요 방산업체	일반 방산업체
화력 (11)	두산DST, 두원중공업, 한화테크윈, 미래아이앤지, 현대위아, S&T모티브, S&T중공업 (7)	동성전기, 진성테크, 진영정기, 칸워크홀딩 (4)
탄약 (9)	동양정공, 삼양화학, 삼양정밀화학, 알코아코리아, 풍산, 풍산FNS, 한일단조공업, 한화 (8)	고려화공 (1)
기동 (14)	두산 모트롤, 두산인프라코어, 두산중공업, 평화산업, 현대다이모스, 현대로템, LS엠트론, STX엔진 (8)	광림, 기아자동차, 삼정터빈, 신정개발특장차, 시공사, 화인 (6)
항공유도 (16)	극동통신, 금호타이어, 대한항공, 퍼스텍, 한국항공우주산업, 한국화이바, LIG넥스원 (7)	캐스, 다윈프릭션, 단암시스템즈, 데크컴퍼지트, 데크카본, 성진테크윈, 유아이헬리콥터, 한국로스트왁스공업, 넵코어스 (9)
함정 (11)	강남, 대우조선해양, 성동조선해양, 한국특수전지, 한진중공업, 현대중공업, 효성, STX조선해양(8)	두산엔진, 스페코, 테크플라워 (3)

통신전자 (18)	디에스티, 지티앤비, 비츠로밀텍, 한화탈레스, 연합정밀,이오시스템, 이화전기공업, 코리아일레콤, 티에스택, 프롬투정보통신, 휴니드테크놀러지스,현대제이콤, 빅텍, 우리별 (14)	경안전선, 삼영이엔씨, 아이쓰리시스템, 인소팩 (4)
화생방 (3)	산청, 에스지생활안전, 에이치케이씨 (3)	
기타 (14)	대양전기, 동인광학, 삼양컴텍, 서울엔지니어링, 포커스옵텍, 우경광학, 은성사 (7)	대명, 대신금속, 대원강업, 도담시스템스, 유텍, 크로시스 (6)
계(95)	63	32

표 2 국내 방산물자 지정현황(2014년 기준)

	완제품	부품	계
화력	35	104	139
탄약	119	127	246
기동	44	81	125
항공	17	124	141
유도	23	168	291
함정	39	109	148
통신전자	82	56	138
광학	29	7	36
화생방	19	7	26
기타	23	9	32
계	430	892	1322

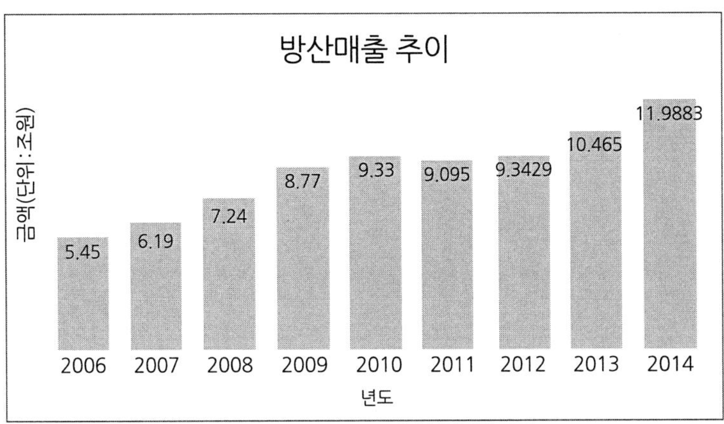

그림 1 국내 방산매출 추이

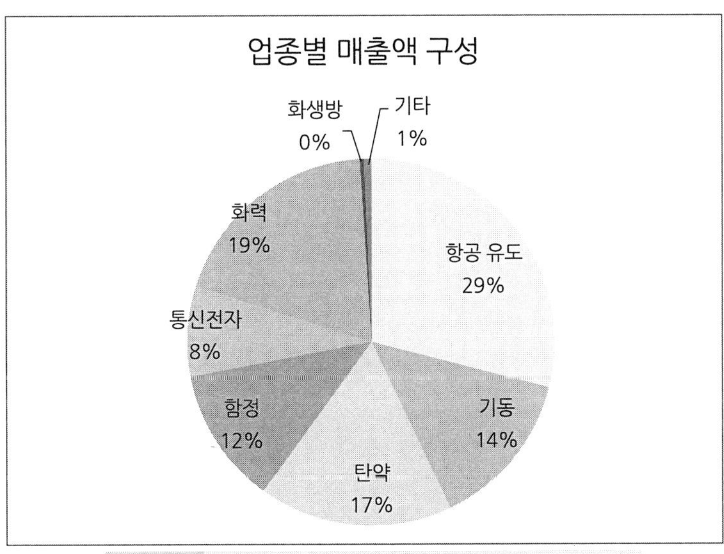

그림 2 방산 업종별 매출액 구성(2014년 기준)

〈출처〉

[1] 방위사업법, 법률 제12960호, 2015.1.6.
[2] 한국방위산업진흥회, www.kdia.or.kr.

첫날은 봐주세요!

대한은 식은땀이 등줄기로 흐르는 것을 느낄 수 있었다.

'아. 뭐라고 대답해야 하나.'

대한은 만일 시간을 어제로 되돌릴 수 있다면 전공기초 책을 열심히 공부하고 출근할걸이라는 생각이 계속 머리를 맴돌았다.

'아, 빨리 여기서 도망치고 싶다.'

하지만 이러한 대한의 바람과는 반대로 사업장장님의 질문은 계속되었다.

"그래, 그럼 대한 군은 학교에서 배운 통계지식으로 우리 사업장에 어떤 이바지를 할 수 있는 건가?"

이런 느낌은 학교 다니면서 조별과제 발표 시 전날 발표자가 갑자기 연락이 끊겨 대신 발표하면서 교수님께 질문을 받는 것과 비슷했다. 안다고 할 수도 모른다고 할 수도 없는 상황이었다.

오늘 아침 8시 30분의 대한은 품질보증팀 건물 정문을 노려보고 있었다.

'여기구나. 내가 앞으로 근무할 곳이.'

대한은 씩씩하게 계단을 올라가 출입문을 열고 안으로 들어갔다.

"안녕하십니까, 신입사원 대한입니다."

그러자 멀리서 키가 크고 마른 체형의 한 사람이 대한에게 다가오며 악수를 청했다.

"아, 대한 군인가요? 반갑습니다. 난 김영준이라고 합니다. 품질보증팀 1 파트장을 맡고 있어요. 그리고 대한 군은 저희 1 파트에서 일할 겁니다."

대한은 속으로 생각했다.

'앗, 이분이 나의 직속 상사구나. 좀 날카로워 보이는걸!'

"반갑습니다. 잘 부탁드리겠습니다."

"아직 팀장님이 출근을 안 하셔서. 혹시 담배 태워요?"

대한은 순간 고민했다. 왜냐하면, 올해 첫날 계룡산 정상에서 떠오르는 해를 바라보며 여자 친구인 민정과 금연을 약속했기 때문이다.

'아, 인간관계를 위해서 핀다고 해야 하나?'

김영준 파트장은 머뭇거리는 대한을 보며 미소를 지으며 말했다.

"담배 안태우면 같이 커피나 합니다. 나도 담배 안태워요. 그냥 대한 씨가 긴장한 거 같아 담배 한 대 태우라는 거지."

"네, 감사합니다."

김영준 파트장은 사무실 구석에 있는 휴게공간에 대한을 데리고 가서는 커피믹스 두 잔을 타왔다.

"요즘에는 담배 안 태우면 안 태운다고 말하면 됩니다. 술도 마찬가지구요. 마실 수 있을 만큼만 마시면 됩니다."

"네. 그렇군요."

하지만 대한은 여전히 긴장감을 감출 수 없었다.

"먼저 우리 회사에 입사한 걸, 그리고 우리 팀, 우리 파트에 온 걸 진심으로 환영합니다."

"네, 열심히 하겠습니다."

"우리 충남사업장에는 약 ○○○여명의 직원이 근무하고 있으며, 주로 군용 탄약 및 폭약류, 총포 장비류, 유도 무기류 등을 생산하고 있습니다. 물론 탄약을 생산하다 보니 사고 위험에 따른 안전 확보가 무엇보다 중요합니다. 또한, 저희가 생산하는 제품은 군에 전량 납품되어 유사시에 우리나라를 지키는 중요한 역할을 하게 됩니다. 따라서 최고의 군수품 품질을 유지하는 것은 우리나라 국방력과 직결됩니다. 그리고 그 중요한 품질보증 임무를 저희 팀이 맡고 있고, 대한 씨도 일부를 맡게 될 겁니다."

1 파트장의 설명에는 자부심이 느껴졌다.

대한 역시 좋은 곳에 입사했다는 생각이 들었다.

'민정이한테 자랑해야겠다. 내가 하는 일이 우리나라의 국방력과 직결된다고 해야지. 하하.'

1 파트장의 말은 계속 이어졌다.

"우리의 고객은 좁게 보면 우리가 만든 군수품을 사용하는 소요군입니다. 하지만 소요군은 군수품 구매대금을 직접 지급하지는 않죠. 돈을 지불하는 사람은 세금을 내는 일반 국민입니다. 따라서 우리는 국민의 세금으로 운영되는 회사라고 할 수 있고, 일반 사기업 직원보다 높은 사명감과 직업의식을 요구합니다. 물론 책임감도 빼놓을 수 없고요."

대한은 순간 여자 친구 민정의 얼굴이 떠오르면서 오늘 퇴근해서 민정과 함께 저녁을 먹으면서 업무를 설명하는 자신의 모습을 그려보며 슬며시 미소가 떠올랐다. 민정은 가끔 자신의 업무가 너무 단순 반복 업무라고 대한에게 불평을 털어놓기 때문이다.

"아, 팀장님이 오셨네요. 가서 인사드립시다."

파트장은 반쯤 남은 커피를 한입에 털어 넣었다. 대한 역시 뒤따라 커피를 훌훌 마시고 파트장을 따라 사무실 구석 창가로 서둘러 걸음을 옮겼다.

"상무님, 저희 1팀 신입사원 대한 씨입니다. 성이 대이고 이름이 한입니다."

"아, 반갑습니다. 앉으세요."

팀장의 명찰에는 강종원이라고 적혀 있었다.

'어? 면접장에서 나를 품질맨이라고 부르셨던 분이네. 근데 상무면 무척 높은 거 아닌가?'

대한은 강종원 팀장을 바라보면서 자리에 앉았다. 무언가 주변 사람에게 편안한 인상을 주는 사람이었다.

"대한 씨 우리 구면이지?"

"네. 입사시켜 주셔서 감사합니다."

"내가 힘써준 건 없고, 대한씨 경력이 우리 회사, 우리 팀하고 잘 맞는 것 같아서 뽑은 거니까 나한테 고마워할 일은 없어요. 그 마음은 우리 회사에 고마워하면 충분합니다."

강 팀장은 1 파트장을 보면서 물었다.

"1 파트장, 그럼 대한 씨 OJT(On the Job Training, 일하면서 업무를 배우는 것을 말함) 일정은 어떻게 되지?"

"네, 금주는 각 공실을 견학하면서 화약제조공정을 배우고, 2주차에는 과학사업청, 국가과학연구원, 국과기술연구원의 각종 규정 및 정보체계 설명, 그리고 3주차에는 우리 회사 사내규정 및 품보팀 업무 소개, 그리고 간단한 업무들을 같이 처리할 예정입니다."

"사수는 누가 하나?"

1파트장이 고개를 휘휘 저으며 말했다.

"팀장님도 아시다시피 1 파트원 모두 차기 중거리 유도무기 때문에 나들 별 보고 출근해서 별보고 퇴근하고 있습니다. 그래서 제가 대한 씨를 지도하려고 하고 있습니다."

"1 파트장이 제일 한가한가 보네."

"네. 상무님이 워낙 한가하게 해주시잖습니까?"

대한은 뭔가 직장인들만의 내공이 담긴 대화가 오간다는 것을 느꼈지만, 정확히 무슨 상황인지는 알 수 없었다.

"품보 품목은 어떤 쪽을 주려고 생각하고 있는가?"

"네, 일단 투하탄 쪽이 오랜 기간 생산해 생산 및 품질이 안정되어

그쪽을 생각하고 있습니다."

"하긴, 투하탄이 무난하겠군. 오늘 환영 회식 해야지?"

"예. 상무님 혹시 가고 싶으신 곳이라도?"

"그거야 오늘 주인공한테 물어봐야지 나한테 물어보면 되나?"

대한은 머릿속으로 민정과의 즐거운 저녁 식사가 훨훨 날아가는 것을 느꼈다. 그리곤 바로 대답했다.

"네. 저는 뭐든지 잘 먹습니다."

"그럼 피자 어떤가?"

"피자요?"

순간 대한은 놀라서 눈이 커졌다. 드라마에서 본 회식은 늘 삼겹살과 소주였는데 피자라니? 진담인가?

"거봐, 피자는 싫어하는구먼."

대한은 순간 어떤 대답을 해야 하는지 알 수 있었다.

"오리고기가 좋을 것 같습니다."

그제야 강종원 팀장의 입가에 미소가 떠올랐다.

"1 파트장, 식후경 예약하라고, 오래간만에 팀 회식이네. 우리가 1, 2, 3파트 다 합치면 몇 명이지? 요즘 하도 들락날락해서 정확한 명수도 헛갈리네?"

"예, 1 파트 8명, 2 파트 12명, 3 파트 11명, 그리고 상무님 포함해서 총 32명입니다."

"그래, 그럼 교육 잘 하고, 또 대한 씨는 교육 잘 받고."

마침 강 상무 책상의 전화벨이 울렸다.

"네 사업장장님. 아 신입직원이요? 예. 저희 품보팀 1명 배치 받았습니다. 네? 네, 그럼 지금 데리고 올라가겠습니다."

1 파트장이 걱정스러운 말투로 강 팀장에게 물었다.

"사업장장님이요? 웬일로 신입직원을 보자고 하시지? 뭐 물어볼 것이 있으신가 보죠?"

"별거 있겠어. 그냥 얼굴이나 한번 보자고 하시는 거겠지. 대한 군, 나랑 같이 사업장장님 뵈러 가자고. 김 파트장도 같이 갈래?"

김영준 파트장은 고래를 설래설래 저었다.

"팀장님도 자리를 비우면, 제가 품보팀을 지켜야 하지 않겠습니까?"

"눈도장도 많이 찍어야 하는 거야."

"다음에 좋은 일 생기면 찍으러 가겠습니다. 요즘 차기 중거리 유도무기 사업 때문에 혼날 일만 가득해서요."

1 파트장은 벌써 자기 자리로 휘이 휘이 돌아가고 있었다.

"누군 징잔받으러 가나. 칭찬받는 것도 혼내는 것도 누군지 알아야 하는 건데. 멀었어."

강 상무는 혼잣말을 하면서 업무일지를 들고 사무실 문을 열었다. 대한 역시 강 상무의 뒤를 따라 사업장장의 사무실로 향했다. 손에 무언가 들고 가야 할 것 같은데, 아직 본인의 책상이 어딘지도 몰라서 아침에 메고 온 가방은 사무실 구석에 처박아둔 상태였다.

"앉으세요."

사업장장 사무실은 뭔가 널찍하면서도 필요한 것들만 배치되어 있었다. 책이나 보고서 같은 것도 별로 없고, 단지 사업장의 주요 생산 품목에 대한 소개 자료가 사진으로 여러 장, 벽에 걸려 있었다. 또한 회사의 창립이념인 열정, 헌신, 도전이 큰 글씨로 액자화되어 벽에 걸려있었다. 아마 글씨 잘 쓰시는 분이 쓰신 듯했다.

"주영 씨, 여기 따뜻한 차 석 잔 주지."

단정한 차림의 사무직 여직원이 공손히 나갔다.

대한은 팀장과 함께 사업장장의 맞은편 자리에 앉았다.

'도대체 신입직원인 나를 왜 부른 걸까.'

그 높은 강 상무가 이렇게 공손하게 긴장하면서 앉아 있는 거로 봐서 사업장장은 충남사업장의 끝판왕인 거 같았다. 대한은 은근히 걱정되었고, 걱정은 이윽고 현실이 되었다.

"대한 군이 산업공학과 나왔다면서?"

"네, 맞습니다."

사업장장은 말을 이어갔다.

"사실 우리 대학 다닐 때만 해도 산업공학과가 뭐하는 과인지 잘 몰랐어. 그때는 다들 제품 만드는 게 급급해서 화공과니 기계과니 전자과니 이런 데를 많이 갔지. 나도 화공과 출신이고. 참 강 팀장도 화공과지?"

"예, 맞습니다."

사업장장의 비서인 주영 씨가 조용히 들어와 차를 자리 앞에 내려놓았다. 너무 조용히 다가와 차를 내려놓기에 흠칫 놀랬다. 사업장장은 말을 이어나갔다.

"그런데 이게 처음에는 괜찮았는데, 점차 생산하는 제품의 수량이 많아지니, 생산관리니 품질관리니 이런 관리기법들이 필요해지더라고. 그리고 그런 것들을 가르치는 데가 산업공학과라는 걸 알았지."

강 팀장이 사업장장의 말을 거들었다.

"맞습니다. 저희 때만 해도 일단 소요군이 원하는 전력화 시기에 만들어서 가져다주기만 하면 큰 문제가 없었죠. 하지만 지금은 품질이 기본인 시대죠. 게다가 요즘에는 자그마한 군수품 품질문제만 터져도 마치 비리의 온상인 것처럼 신문 지상에 보도되고요."

사업장장은 과거를 회상하듯이 창밖을 잠깐 바라보고는 다시 말을 이어나갔다.

"사실 초창기 무기들을 만들 땐, 부끄럽지만 미국 자료 참조를 많이 했어. 심한 건 내용도 모르면서 일단 자료들을 번역해서 바로 적용하곤 했지. 나도 예전에 품보팀장을 했거든. 그런데 그때 국방규격 4장 제품 검사 샘플링 규정 내용이 잘 이해가 안 되더라고. 물론 그 규정 내용은 미국 자료를 그대로 번역한 거고."

사업장장은 차를 한 모금 마시고는 다시 얘기를 이어나갔다.

"어떻게 보면 무척 단순한 것 같은데... 결국, 생산된 제품 중에 몇 개를 뽑아서 검사하는 것이 좋냐 이런 거 아닌가. 미국 애들 자료를 따라가자니 생산된 제품 수량 대비 검사를 너무 많이 하는 거야. 문제는 우리는 제품 몇 개 만들지도 않는데 그중 삼분지 일을 시험하라는 것도 있고. 또 어떤 규격들은 너무 복잡해. 그래서 그걸 그대로 따라간 우리 국방규격이라던가 과학사업청 규정은 무척 복잡하게 구성되어 있지."

대한은 차를 마시고 싶었지만 마실 수 없었다. 강 팀장이 사업장장의 말을 경청하고 있었기 때문이다.

"내가 궁금한 건 이거야. 요즘은 제품의 생산이 다 자동화되어 있는데 샘플링 검사를 왜 하는지 잘 모르겠어. 검사란 건 제품이 불완전할 때나 의미가 있지 요즘같이 품질 수준이 올라갔는데도 굳이 검사를 해서 시간과 노력을 낭비할 필요가 있냔 말이지."

대한은 순간 목이 타서 차를 한 모금 마셨다. 하지만 이 갈증은 차로는 해결이 되지 않는 듯했다.

"사실 품보팀에서 산업공학과 출신을 뽑은 건, 아주 드문 일이지."

사업장장은 앞자리에 앉은 강 팀장을 보면서 동의를 구했다.

"네. 5년 전에 한 번 뽑았는데, 품보팀은 아니고 안전팀에서 근무하고 있습니다."

대한은 순간 어지러움을 느꼈다. 샘플링, 과학사업청, 국방규격 등 이런 단어들이 도대체 무엇인지 알 수 없었다. 그리고 지금 분위기는 자신에게 무언가 과제를 주려는 분위기였다. 발이 점점 수렁으로 빠지는 듯한 느낌이 들어 대한은 신발 속 발가락을 한번 꼼지락거려 보았다.

"그래, 대한 군은 샘플링 검사에 대해 어떻게 생각하나?"

학교 시절 품질경영 수업시간에 안상수 교수에게 '샘플링'이라는 단어는 들어본 것 같은데……. 사실 수업내용보다는 안교수의 허접

스러운 아재 개그만이 기억에 남았다. 명절날 안 교수가 설거지하고 나면 그게 미덥지 않아서 사모님이 꼭 샘플링 검사를 했다던가? 하나라도 제대로 못 닦은 접시가 나오면 전체 접시를 다시 닦아야 하고 그게 무결점 기반의 샘플링 검사법이라고 했는데…….

"네 샘플링 검사는……."

대한은 식은땀이 등줄기로 흐르는 것을 느낄 수 있었다.

'아, 뭐라고 대답해야 하나…….'

대한은 만일 시간을 어제로 되돌릴 수 있다면 전공기초 책을 열심히 공부하고 출근할 걸이라는 생각이 계속 머리를 맴돌았다.

'빨리 여기서 도망치고 싶다…….'

대한이 대답을 못 하고 머뭇거리자 사업장장의 질문은 계속되었다.

"산업공학과는 통계를 배운다면서? 예전에 한국품질재단에서 통계적 품질관리 교육을 받은 적이 있었는데, 통계라는 건 적은 데이터로 예측을 하고 뭐 이런 거지 않나?"

대한은 그나마 납변을 할 수 있었다.

"네, 추정과 검정이라고 부르는 것이 있는데 추정은 샘플을 통해 모집단의 특성이 어떠한가에 대해 추측하는 과정이고, 검정은 모집단의 실제값이 얼마나 되는가 하는 주장과 관련하여 샘플이 가지고 있는 정보를 이용해 주장이 올바른지 그렇지 않은지 판정하는 과정을 말합니다."

사업장장의 얼굴이 조금 찌푸려졌다.

"그래 아무튼. 대한 군은 학교에서 배운 그 통계적 지식으로 우리

사업장에 어떤 이바지를 할 수 있는 건가?"

이건 자신 있었다.

면접을 위해 계속 준비하던 답변 아닌가?

"예. 저는 최선을 다해서 우리 국방에 이바지하겠다는 자세로……."

하지만, 사업장장은 바로 대한의 말을 끊었다.

"난 추상적인 대답을 싫어해. 앞으로 대답은 구체적으로, 측정 가능하게, 현실적인 대답만을 하게나."

대한은 순간 얼굴이 확 달아오르는 것을 느꼈다.

자기도 모르게 고개가 푹 숙였다.

'면접 때는 이렇게 대답하면 되었는데, 지금은 왜 안 통하지……. 이게 회사인가.'

마침 강 팀장이 이 상황을 정리해 주었다.

"사업장장님도 참. 오늘 첫 출근인데 너무 숙제 많이 주시는 거 아닙니까. 오늘 말씀하신 부분은 제가 책임지고 챙겨서 OJT 교육 끝날 때 교육 성과로 발표시키도록 하겠습니다."

그제야 사업장장의 얼굴이 조금 풀렸다.

"음 하긴 오늘이 첫 출근 날인데, 내가 좀 무리했던 거 같군. 그래 앞으로 열심히 하게나. 이런, 얘기하다 보니 벌써 차가 식었네. 어서 들지. 강 팀장은 OJT 교육 끝나고 성과 발표 때 다른 신입직원들도 다 같이 발표시키라고. OJT 3주간 자신이 느꼈던 부분들과 조그마한 것이라도 개선할 사항들을 찾아서 발표하라고 해."

강 팀장이 조금 머뭇거리면서 대답했다.

"사업장장님, 신입직원들이 생산기술팀이나 연구소 쪽도 있으니, 금요일 주간 확대간부회의에서 사업장장님이 말씀하시는 건 어떻겠습니까? 제가 직접 전달하면 모양새가 좀 그래서요."

"오케이, 그렇게 하자고."

'끝나가는구나. 휴 다행이다.'

대한은 서둘러 차를 마셨다.

'앗, 뜨거워!'

너무 급하게 마셔서 입천장이 홀랑 데었지만 내색할 수 없었다. 빨리 조용히 여기를 빠져나가고 싶었기 때문이다.

방위사업청

방위사업청은 방위력 개선사업, 군수물자 조달 및 방위산업 육성에 관한 사무를 관장하는 국방부 장관 소속의 정부기구로 2006년 1월 1일부로 개청된 부서이다. 방위사업청은 청장 1명과 차장 1명을 두며 청장은 정무직으로 하고 차장은 고위공무원단에 속하는 일반직공무원으로 되어있다.

표 3 방위사업청 주요부서명 및 업무소개

부서명	업무
획득기획국	1. 방위력 개선사업에 관한 정책의 총괄·지원 및 제도발전 2. 각종 사업 시행의 종합·조정 3. 국가과학연구원 및 국과기술연구원 업무의 지도·감독 및 기관평가 4. 국방과학기술위원회 등 국가의 각종 연구개발관련 위원회에 대한 협력·지원 5. 절충교역에 관한 정책의 수립 및 조정·통제 6. 방위력개선사업의 선진획득기법 활용정책에 관한 업무 7. 무기체계의 통합 및 상호운용성에 관한 업무 8. 방위사업기술의 발전에 관한 기획·분석·평가 및 자료관리에 관한 정책의 수립·조정·통제 9. 절충교역에 관한 협상, 합의각서 체결, 이행 관리 및 성과 분석 10. 절충교역 관련 도입 자산의 관리 11. 방산물자 등의 수출과 관련된 절충교역의 지원 12. 품질관리 기획 및 업무의 조정·통제 13. 국제품질보증 협정 및 협력에 관한 업무 14. 양산품(量産品)에 대한 군기술지원에 관한 업무
방산진흥국	1. 방위산업 진흥 관련 정책 수립 및 제도 발전 2. 방위산업 관련 단체·협회·전문기관의 지도·감독, 방위산업 물자 및 업체의 지정·취소에 관한 업무 2의2. 외국기업 또는 외국인이 경영권을 실질적으로 취득한 업체의 전략무기 사업 참여 승인에 관한 업무 3. 방위산업 육성을 위한 자금융자 사업의 계획 수립 및 운영·관리 4. 방위산업물자의 국내판매 승인에 관한 업무 5. 방위산업용 원자재의 비축·운영 6. 방위산업물자의 해외수출업무 협조·지원 9. 방위사업 국산화 계획의 수립·시행 및 조정·통제 13. 방위산업 수출을 위한 국제 협력 및 시장 개척

	14. 방위산업 수출 진흥을 위한 정책 수립 및 제도 발전 15. 방위산업 수출 관련 종합정보체계 구축·운영 및 후속 군수 지원 등 수출지원 업무에 관한 사항 16. 국가가 취득한 방위산업 관련 자산의 운영계획수립 등 관리 업무 17. 「방위사업법」 제43조에 따른 보증기관의 지정·지정취소 및 지도·감독
분석평가국	7. 분석평가 및 비용분석에 관한 정책과 계획의 수립 및 제도발전 8. 방위력 개선사업의 사전·사후분석 평가 및 비용분석 9. 방위력 개선사업의 분석평가 및 비용분석에 대한 조정·통제 10. 방위력 개선사업의 분석평가 및 비용분석에 대한 검증 11. 방위력 개선사업관련 분석평가의 지표·기준·기법의 연구·발전 12. 비용분석기법의 연구·발전 13. 무기체계 인증정책 수립과 제도 발전 14. 국방분야 표준에 관한 정책의 수립 및 제도 운영 15. 국방분야 국가표준기본계획에 관한 사항 16. 민·군규격통일화사업에 관한 사항 17. 군수품목록정보의 국제교류 정책에 관한 사항
사업관리 본부	ㅇ방위력 개선사업의 관리에 관한 사무 수행 ㅇ산하 부서로는 계획운영부·지휘정찰사업부·기동화력사업부·함정사업부·항공기사업부·유도무기사업부가 존재
계약관리 본부	ㅇ방위사업의 원가·계약 및 표준의 관리에 관한 사무를 관장 ㅇ산하 부서로는 계획지원부·국제계약부·무기체계계약부·장비물자계약부 및 원가회계검증단이 존재

국방과학연구소

국방과학연구소는 국방에 필요한 병기·장비 및 물자에 관한 기술적 조사·연구·개발 및 시험과 이에 관련되는 과학기술의 조사·연구 및 시험 등을 담당하게 하여 국방력의 강화와 자주국방의 완수에 기여함을 목적으로 설립된 방위사업청 산하의 정부출연기구이다. 일반적으로 무기개발은 국방과학연구소가, 개발된 무기에 대한 양산은 방위산업체가 담당한다.

주요 사업은 아래와 같다.

1. 병기·장비와 그 밖의 군용 물자에 관한 기술적 조사·연구·개발과 이에 관련된 계통공학, 인간공학, 그 밖의 과학기술의 조사·연구
2. 병기·장비와 그 밖의 군용 물자의 제식(制式) 및 규격의 조사·연구
3. 국방에 필요한 무기체계와 관련된 각종 자원, 조직, 제도 및 운영의 분석·연구
4. 병기 및 장비의 시험제작을 위한 설계 및 설명서의 작성·검토와 시험제작품의 기술시험
5. 각종 병기 및 장비의 성능시험
6. 병기·장비와 그 밖의 군용 물자와 전략자원에 관한 기술정보 사업
7. 병기·장비와 그 밖의 군용 물자에 관한 연구위탁, 연구보조 또는 지원

8. 제1호부터 제7호까지의 사업에 부대되는 사업

국방기술품질원

국방기술품질원은 대한민국 국군과 방위산업체에 공급되는 무결점의 군수품 획득을 위한 전순기 품질경영업무, 미래 국방분야 핵심기술 발굴 및 연구개발 방향을 제시하는 국방기술 기획, 그리고 국방과학기술정보의 통합서비스 임무 등을 주요업무로 하는 방위사업청 산하 기타공공기관이다. 1981년 7월 1일 최초 국방품질검사소로 창설된 이래 2006년 2월 2일 방위사업법 제32조에 의거하여 품관소의 기능을 승계하고 국방기술기획/기술정보관리 등의 기능을 추가하여 방위사업청 출연 전문연구기관인 국방기술품질원으로 확대 개편되었다.

1. 국방과학기술의 기획에 대한 업무지원과 국방과학기술에 대한 조사·분석
2. 방위력개선사업에 대한 조사·분석·평가에 대한 업무지원
3. 핵심기술개발사업의 수행기관 선정 및 수행결과 평가 등에 대한 지원
4. 국방과학기술 및 무기체계에 관한 정보의 통합관리
5. 군수품의 품질보증 및 방산물자의 품질경영 등에 대한 업무지원과 이에 관하여 방위사업청장이 위탁하는 사업
6. 방위사업을 수행하는 과정에서 요구되는 군수품의 표준화 및 시험평가 등에 대한 기술지원

7. 중앙행정기관 및 지방자치단체 등과 협력하여 추진하는 부품국산화 등 국방기술협력사업에 대한 기술지원
8. 군수품에 대한 수출·수입가격정보의 수집 및 제공에 관한 사항
9. 그 밖에 국방과학기술의 관리 등과 관련하여 대통령령이 정하는 사항

〈출처〉
[1] 정부조직법, 법률 제13593호, 15.12.22.
[2] 방위사업청 홈페이지, www.dapa.go.kr.
[3] 방위사업청과 그 소속기관 직제, 대통령령 제26854호, 15.12.31.
[4] 국방과학연구소법, 법률 제13238호, 15.3.27.
[5] 국방과학연구소 홈페이지, www.add.re.kr, .
[6] 국방기술품질원 홈페이지, www.dtaq.re.kr.

회식은 업무의 연장

“대한 씨는 탄 오리고기를 좋아하나 봐?”

옆자리에 앉은 2 파트장이 대한을 보며 한소리 했다.

“아, 하하, 그럴 리가요.”

대한은 서둘러 집게와 가위를 자기 자리 앞으로 가져다 놓았다. 그리곤 속으로 대답했다.

‘이모가 구워 주시는 줄 알았다고요. 그리고 탄 오리고기 좋아하는 사람이 어디 있습니까? 그건 마치 미지근한 맥주나 식은 피자 좋아하는 사람이란 얘기잖아요.’

대한의 테이블 앞에는 팀장과 1파트장이, 그리고 대한의 옆에는 2 파트장이 앉았다.

사업장장실에서 나와서는 1 파트장과 함께 여기저기 다른 부서에 인사를 다녔다. 매번 사람을 만날 때마다 똑같은 얘기들–반갑습니다, 잘 부탁합니다, 열심히 하겠습니다 등등–을 하고 악수를 하다 보니 오후 시간이 금세 흘러갔다. 그래도 혼자 돌아다니지 않고 1 파트장이 같이 데리고 다녀줘서 그나마 다행이었다.

안 좋은 건 다들 인사할 때 커피나 차를 한 잔씩 주었고, 이를 받아 마시다 보니 오늘 하루만 대략 커피 10잔 정도는 마신 것 같았다. 사실 계속 같은 얘기를 하다 보니 누가 어느 부서 사람인지도 기억이 가물가물했다. 나중에 길에서 우연히 마주쳐도 모를 것 같았다.

다시 품질보증팀(이하 품보팀)에 돌아올 때쯤에는 맥이 풀려 빨리 자기 자리로 돌아가 앉고 싶었지만, 품보팀의 2 파트장 및 파트원들, 3 파트장 및 파트원들과의 인사가 남아있었다. 마지막이라고 생각하고 인사를 하는데, 2 파트장이 한소리 했다.

"악수하는데 손에 힘이 하나도 없구먼, 신입직원이 패기가 있어야 하는 거 아니야?"

다행히 누구한테 하는 얘기는 아니고 2 파트장 혼자서 하는 얘기였다.

대한 역시 속으로 얘기했다.

'저 패기 많아요. 지금은 충전 중이라고요. 충전.'

마침내 본인 자리로 돌아와 책상을 닦고 컴퓨터 전원을 켜고, 신입직원 교육 때 받은 회사 사원번호와 패스워드로 사내 인트라넷에 로그인해 보았다. 메일함에는 읽지 않은 메일 200여 통이 대한을 기다리고 있었다.

'오 마이 갓……. 이걸 읽어야 하는 거야, 지워야 하는 거야?'

대한은 주위를 두리번거렸다. 하지만, 팀원들 모두 주섬주섬 짐을 챙기고 퇴근 준비를 하고 있었다. 시계를 보니 5시 50분이었다. 대한 역시 얼른 컴퓨터 전원을 끄고 짐을 챙겼다.

'에이 몰라, 내일 읽자.'

'식후경'이라는 오리고깃집에 가니, 자연스럽게 대한의 자리는 팀장과 같은 가운데 테이블로 배치가 되었다. 대략 30여 명 정도가 모였고, 모든 테이블에는 오리고기 4인분과 소주, 맥주가 각 1병씩 놓였다. 주변 눈치를 보니 다들 오리를 불판에 올려놓고 고기를 굽기 시작했고, 대한이 어찌할 바를 몰라 우물쭈물하고 있으니 옆자리에 앉은 2 파트장이 한소리 한 것이다.

대한은 익은 고기는 가위로 먹기 좋은 크기로 잘랐고, 마늘은 알루미늄 호일 위에 올려놓아 금방 타지 않도록 하였다. 사실 이런 일은 대학 시절에 많이 하던 것이어서 어렵진 않았다. 안상수 교수는 가끔 학생들을 고깃집에 데려가 고기 굽는 법, 술잔 받는 법, 심지어 대리운전 부르는 법까지도 알려주곤 했는데, 지금 생각하니 나름 도움이 된 것 같다.

자꾸 대한을 긁어 대는 2 파트장은 키는 그리 크지 않았지만, 목소리 톤이 높았으며 필요한 말만 하는 스타일 같았다.

"강 상무님, 사업장장님이 신입직원을 무슨 일로 찾으신 건가요? 아니 그전에 산업공학과 출신을 우리 팀에 왜 뽑으신 건가요?"

순간 대한은 울컥했다.

'뭐야, 내가 필요해서 뽑은 건 너희잖아.'

강 팀장은 2파트장의 말을 끊으면서 건배를 제의했다.

"자자, 오늘은 말 그대로 환영 회식이라고. 2 파트장, 환영 회식이 무슨 말인지 알지? 자 모두 옆 사람 잔 채워주고, 잔 다 찼으면 건배하자고. 참, 건배사는 대한 군이 한 번 해보지?"

"아, 예."

대한은 가득 찬 소주잔을 들고 자리에서 일어났다.

'이럴 줄 알았으면 네이버에서 건배사 검색 좀 하고 나올걸.'

"오늘 처음 출근하게 된 대한입니다. 먼저 자리를 마련해 주신 팀장님, 파트장님들께 감사드립니다. 그리고 앞으로 선배님들의 많은 지도편달 부탁드리면서 건배를 제의하겠습니다. 제가 '열정, 헌신'을 외치면 '도전'을 같이 크게 외치면서 잔을 부딪치겠습니다."

그러자 주변에서 미소가 조금씩 배어 나왔다.

열정, 헌신, 도전은 대한이 입사한 회사 대한의 핵심가치이기 때문이다.

대한이 먼저 선창했다.

"열정, 헌신"

그러자 30여 명이 모두 잔을 높이 들며 외쳤다.

"도전"

건배다 보니 모두 술을 다 비웠다. 시간이 지나 술이 조금씩 들어가자 분위기도 처음보다는 부드러워졌다. 대한은 여기저기 선배사원들 옆에 가서 다시 한번 인사를 드리고 이름을 외우려고 노력했다. 가능하면 사람들 특징과 이름을 연관지어 외우려고 노력했지만, 술이 들어가다 보니 쉽지 않았다. 2 파트의 박 주임이 그나마 술이 아닌 사이다를 대한에게 따라주어 기억에 남았다. 모든 테이블에 한 번씩 가서 술잔을 주고받고 이야기를 듣다 보니, 어느덧 고기는 다 먹고 식사 주문만 기다리는 상황이었다.

"대한 군, 와서 식사하지."

1 파트장이 대한을 손짓으로 불렀다.

그리곤 작은 목소리로 얘기했다.

"대한 씨, 오늘 사업장장님이 주신 숙제, 꼭 잘 해야 해. 일단 이번 주까지 샘플링 검사가 뭔지 공부해서 금요일 오후에 팀원들한테 발표하라고."

벌써 팀장 테이블에서는 오늘 사업장장이 대한에게 한 얘기가 파트장들끼리 공유가 된 모양이다.

'아, 집에 가서 통계 책 디시 찾아봐야겠다……. 근데 술을 너무 많이 마셨는걸.'

비빔밥을 시켜 먹었지만, 소주를 많이 먹다 보니 밥에서 소주냄새가 나는 것 같았다. 술을 강제로 권하는 사람은 없었지만, 대한은 향토소주인 수소 린 두 병을 비운 것 같았다.

평균과 표준편차

▶ 평균

예전 중국의 한 장군이 많은 병사를 이끌고 적나라 정벌을 위해 진군하던 도중 세차게 흐르는 강을 만났다. 더군다나 비가 세차게 오고 해서 물살이 무척 거셌다. 물론 강을 우회해서 돌아갈 수도 있자만, 장군은 빨리 정벌을 끝내고 돌아오고 싶었다(이건 엄청난 일이다. 결혼한 대부분의 유부남은 출장을 가면 늦게 들어오고 싶어 한다.). 다행히 장군은 평균(?)이 무언지 알고 있었다. 장군은 참모에게 강 수심의 평균과 병사들 키의 평균을 측정하라고 지시했다. 다행히(?) 병사들 키의 평균은 강 수심의 평균을 초과했고, 장군은 병사들에게 강을 건너 진군하라고 명령했다.

결과는 뻔했다. 수많은 병사가 강을 건너던 도중 익사하고 말했다. 안타깝게도 장군은 아직 편차가 무언지 몰랐던 것이다.

평균은 데이터들의 합을 데이터의 개수로 나눈 값이다. 예를 들어 만일 어느 반 학생 수가 총 5명이며, 이 학생들의 점수가 175, 180, 185, 180, 190이라면 이 반 학생들 키의 평균은 아래 식과 같이 계산되어 182이다.

$$182 = \frac{175 + 180 + 185 + 180 + 190}{5}$$

이를 수식으로 표현해보자. 수식으로 표현하는 이유는 조금 더 간결하게 표현하기 위함이다. 학생들의 수를 n, 그리고 각 키의 측정값을 x_i라고 하자. 그러면 평균은

$$\bar{x} = \frac{1}{n}\sum_{i=1}^{n}$$

$$\text{평균} = \frac{\text{관측치들의 합}}{\text{데이터의 개수}}$$

으로 나타낼 수 있다.

평균은 특정 집단에 대한 정보를 요약해서 보여준다는 장점이 있지만, 집단의 정보를 왜곡할 수도 있다. 예를 들어 다음 표의 경우를 살펴보자.

표 4 A 및 B반 점수의 평균

	점수	평균
반 A	120, 200, 120, 200, 120, 200	160
반 B	160, 160, 160, 160, 160, 160	160

두 반 모두 점수의 평균은 160이지만, A반의 경우 학생들 간의 점수 차이가 무척 심한 반면, B반의 경우 학생들 간의 점수 차이가 없다. 따라서 평균의 정보만을 가지고 해당 반에 대한 추론을 내리기는 쉽지 않다. 우리가 일반적으로 평균이라고 하면 해당 집단이 대부분 평균값에 유사한 값을 가지리라고 기대한다. 하지만 A반 학생 한 명을 선택하고 점수의 평균을 160이라고 추측하

면 대부분 틀릴 것이다. 반면 B반의 학생을 한 명 선택하여 점수를 추측하면 정확할 것이다.

따라서 우리는 데이터들의 평균 말고 추가적인 정보, 즉 데이터들 간의 차이를 나타낼 수 있는 척도가 필요하다. 그리고 우리는 이를 '편차'라고 부른다. 편차를 구하는 공식은 조금 복잡하다.

$$\text{편차} = \sqrt{\frac{\sum_{i=1}^{\text{데이터의 개수}} (\text{관측치}_i - \text{평균})^2}{\text{데이터의 개수} - 1}} = \sqrt{\frac{\sum_{i=1}^{n} (x_i - \overline{x})^2}{n-1}}$$

두 반 A와 B는 모두 평균은 같지만, A반의 경우 편차가 상당히 크며, B반은 편차가 없다. 따라서 A반은 데이터들이 널리 분포되어 있지만, B반은 매우 좁게 분포가 되어 있음을 알 수 있다.

만일 당신의 두 반중 한 반을 선택하여 담임선생님으로 가르칠 수 있는 선택권이 있다면 어느 반을 선택하는 것이 좋을까 생각해 보자.

이 경우에는 B반이 좋다. A반은 편차가 크므로 학생들 간의 수준 차이가 많이 나므로 가르치는 입장에서는 어느 수준에 초점을 맞추고 가르쳐야 하는지 결정하기가 어렵다. 반면 B반은 학생들의 학습수준이 모두 일정하므로 학습 목표를 설정하기가 쉽다.

만일 좀 전 사례에서 중국 병사들의 키의 편차가 모두 0이었다면 강에 빠져 죽은 병사는 하나도 없었을 것이다. 하지만 실제 자연 상태의 데이터들은 편차가 필연적으로 존재한다. 일반적으로 평균 주변에 데이터들이 많이 몰려있고, 양 끝에는 데이터들이 조금 몰려있다.

예를 들어, 2016학년도 대학수학능력 수학 영역의 점수는 아래 그림처럼 중간인 5등급에 제일 많이 몰려있고 양 끝(1등급 및 9등급 방향)으로 갈수록 적게 분포한다.

표 6 2016년 수학 영역 A형 등급별 인원 및 비율

등급	인원(명)	비율(%)
1	18,240	4.66
2	27,222	6.95
3	49,091	12.54
4	69,141	17.66
5	73,900	18.88
6	65,692	16.78
7	56,545	14.45
8	22,019	5.63
9	9,580	2.45
총계	391,430	100

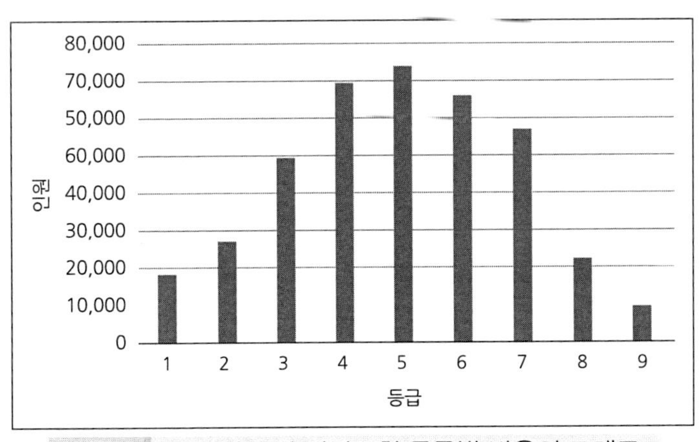

그림 4 2016년 수학 영역 A형 등급별 비율의 그래프

실제로 제품을 생성하여 하나의 로트를 구성할 때는 로트내 품질특성치들간의 편차가 적어야 한다(같으면 제일 좋지만, 로트내 제품들의 품질특성값이 모두 동일하기는 현실적으로 불가능 하다). 하지만 생산현장에서는 편의상의 이유로 즉, 고객요구 납품량, 납품처, 제조업체, 제조일자, 주요 원재료 공급처 등의 기준으로 로트를 구성하지만, 그렇게 되면 로트를 구성하는 제품들의 품질특성값이 같을 것이라는 합리적인 소비자의 기대를 저버리게 된다.

일반적으로 제품에서 불량이 발견되면 해당 로트의 모든 제품 역시 동일한 불량이 존재할 거라는 합리적인 의심을 하고, 해당 로트 제품에 대한 수거 및 회수 등의 작업을 수행한다. 하지만 이러한 행위에는 해당 로트내 제품들의 품질특성이 유사할 것이라는 가정이 깔려있음을 명심해야 한다. 그렇지 않다면 해당 로트의 제품에 대한 리콜 및 사후봉사 등을 완료해도 다른 로트에서 같은 불량이 재발할 수 있으며, 이는 결국 소비자의 불만을 가중할 뿐이다.

"프리미엄 분유에 식중독균이라니"

유아가 먹는 유명회사의 고급 조제분유에서 식중독을 일으키는 황색포도상구균이 검출되면서 소비자들의 불안이 커지고 있다.

국립수의과학검역원이 4일 조제분유에 대한 정기 수거검사 과정에 매일유업의 '앱솔루트 프리미엄 명작 플러스-2' 제품에서 검출돼서는 안 되는 황색포도상구균이 나왔다고 밝히면서다.

매일유업은 보도자료를 통해 "동일 로트(생산 단위) 제품을 자체 조사했지만 포도상구균이 발견되지 않았고 최근 전문가 자문을 거쳐 해당 생산라인을 일제 점검하고 시설을 교체했다"며 "국립수의과학검역원의 발표를 인정하지 못하겠다"고 반박했다.

-> 제품에 문제가 발생 시 로트 단위로 점검하는 사례

50사단 폭발사고 수류탄, 원래 '치명적 결함, 도대체 누구를 믿고 군대 보내나

11일 육군 50사단 신병교육대대에서 수류탄 투척훈련 중 훈련병이 들고 있던 수류탄이 폭발해 3명의 인명피해를 내는 사고가 발생했다.

그런데 당시 폭발했던 수류탄이 이미 지난해 치명적인 결함 판정을 받았던 제품과 동일한 것이라는 주장이 제기됐다.

김 의원에 따르면 육군 탄약사령부는 지난헤 4월17일 실시한 탄약 정기시험에서 수류탄 30발 중 6발이 국방규격상 치명적인 결함으로 분류되는 '지연시간 3초 미만'에 폭발한 것을 발견했다

한편 이와 관련해 육군 측은 "사고가 난 수류탄과 지난해 결함 판정을 받은 수류탄은 '로트번호'(생산연도 및 생산라인 등을 표기한 것)가 달라 완전히 같은 제품이라고 볼 수 없다"고 해명했다.

-> 로트가 다르므로 품질특성이 다르다는 주장

<출처>
1. 수학영역 등급구분 표준점수, 한국교육평가원, 2015.
2. 환경 TV뉴스, 정택민기자, 2015.9.2.
3. 연합뉴스, 김지연기자, 2011.3.4

샘플링 검사의 분류 및 장단점 비교

샘플링 검사란 로트(동일한 품질을 지닌 제품들의 집합)로부터 미리 정한 샘플링 검사방식(샘플수 및 합격판정 기준)에 따라 샘플을 선택하여 검사를 하고, 그 실시 결과를 이미 설정된 제품의 합격·불합격 판정 기준과 비교하여 해당 로트에 속한 제품 전체에 대해 합격·불합격을 판정하는 검사방식을 의미한다.

이때 로트 크기와 샘플 크기와의 관계, 샘플링 방법, 로트 합격·불합격 판정 기준 등은 경제성을 고려하여 통계적인 방법으로 결정한다. 검사는 검사 시점에 따라 표 7, 8, 9와 같이 분류가 가능하며, 이중 표 9의 샘플링검사는 품질특성, 검사방식 및 검사횟수에 따른 세부 분류가 가능하다(표 10~12).

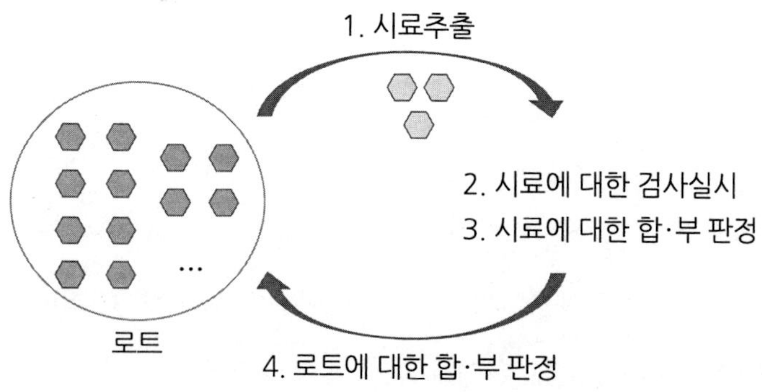

그림 5 샘플링 검사에 대한 개략도

표 7 검사시점에 따른 검사의 분류

검사의 종류	설명
수입검사	협력업체로부터 제출받은 로트(원부자재 혹은 중간 가공품 등)를 받아 들여도 좋은지에 대한 여부를 판정하기 위한 검사
공정(=중간) 검사	공장 내에서 반제품을 어떤 공정에서 다음 공정으로 이동해도 좋은지의 여부를 판정하기 위한 검사
최종검사	완성된 물품이 제품으로서 요구사항을 만족하고 있는지의 여부를 판정하기 위한 검사
출하(=출고) 검사	제품을 출하할 때 하는 검사

표 8 검사성질에 따른 검사의 분류

검사의 종류	설명
파괴검사	ㅇ시험을 하면 물품의 상품가치가 없어지는 검사이며, 반드시 샘플링검사를 해야 함 ㅇ전수 수명검사, 인장시험 등
비파괴검사	ㅇ물품 검사 후에도 상품가치가 존재하는 검사 ㅇ전구 점등시험, 자동차 브레이크 동작시험
관능검사	ㅇ검사자 자신이 측정기기가 되어 감각을 통해 하는 검사 ㅇ주로 인간의 5감(미각, 시각, 촉각, 청각, 후각)을 이용하는 검사

표 9 판정대상에 따른 검사의 분류

검사의 종류	설명
전수검사	로트내 제품을 모두 검사
샘플링 검사	로트내 제품을 일부 검사하여 로트의 상태를 판정
무검사	제품의 품질이 우수할 경우 검사를 생략하는 경우

표 10 품질특성에 따른 샘플링 검사의 분류

검사의 종류	설명
계수형 샘플링검사	시료를 시험하여 검사 결과에 따라 양호품과 불량품으로 나누거나 또는 결점의 수에 근거하여 로트의 합격 불합격을 판정하는 샘플링 검사
계량형 샘플링검사	시료를 시험하여 계량치로서 얻은 측정 결과에 연산하고, 그 결과를 사전에 정한 기준치와 비교하여, 로트의 합격 불합격을 판정하는 샘플링 검사

표 11 검사방식에 따른 샘플링 검사의 분류

검사의 종류	설명
규준형 샘플링검사	ㅇ제품을 출하하는 쪽에 대한 보호와 받는 쪽에 대한 보호 2가지를 규정지어, 생산자 및 소비자의 요구를 만족시키도록 설계한 샘플링 검사 ㅇ즉 출하하는 쪽에 대해서는 생산자 위험을, 받는 쪽에 대하여 소비자 위험을 각각 일정한 작은 값으로 정한다(대략 10% 이내).
선별형 샘플링검사	ㅇ샘플을 시험한 결과 불합격으로 판정 시 해당 로트를 전수 검사하는 샘플링 검사
조정형 샘플링검사	ㅇ로트를 계속하여 납품할 경우, 과거 검사결과에 대한 이력 을 검사방식을 조정하는 샘플링 검사 ㅇ검사방식에는 보통검사, 까다로운 검사 또는 수월한 검수로 분류하는 것과, 전수검사, 무시험 검사 또는 샘플링 검사로 분류하는 것 등이 있다. ㅇ공급자에게 지속적인 품질향상을 독려하기 위해 사용
연속 생산형 샘플링검사	ㅇ연속 생산으로 잇달아 출시하는 제품에 적용하는 샘플링 검사 ㅇ예를 들어 최초에는 개별 검사를 하고, 양호품이 일정 개수 계속되면 샘플링 검사로 옮기고 불량품이 나오면 개별 검사로 다시 되돌아가는 방식 등이 존재

표 12 검사횟수에 따른 샘플링 검사의 분류

검사의 종류	설명
1회 샘플링 검사	로트로부터 시료를 단 1회 뽑아내어, 그 시험 결과에 의하여 로트의 합격 불합격을 판정하는 샘플링 검사
2회 샘플링 검사	제 1회째로부터 지정된 크기인 시료의 시험결과에 의하여 로트의 합격, 불합격 검사, 혹은 검사 속행 등 3가지 중 어디에 속하는가 판정을 내리고, 만일 검사 속행을 요한다면 제2회 째로서 지정된 크기의 시료의 시험 결과와 제 1회째 결과와의 누계 성적에 의하여 로트의 합격 불합격을 판정하는 샘플링 검사
다회 샘플링 검사	매회 정해진 크기의 시료를 시험하여, 각 회까지의 누계 성적을 로트 합부 판정 기준과 비교함으로써 합격, 불합격, 검사속행 중 어느 쪽에 속 하는가 판정을 내리고, 일정 횟수까지 합격인가 불합격인가의 판정을 내리는 샘플링 검사
축차 샘플링 검사	1개씩 또는 일정 개수씩의 시료를 시험하면서, 그 누계 성적을 그때마다 로트 판정기준과 비교함으로써 합격, 불합격, 검사 속행 중 어디에 속하는가 판정을 내리는 샘플링 검사

〈출처〉
1. 샘플링 검사 통칙(KS A 3101), 국가기술표준원, 2002.12.30.
2. 계수형 샘플링 검사 절차(KS Q ISO 2859-1), 국가기술표준원, 2014.12.24.

설명은 옆집 할머니가 이해하시도록, 연산은 사칙연산만

"대한 씨, 준비 잘 돼가?"

목요일 오후 해가 넘어갈 무렵 김 파트장이 대한에게 다가와 물었다. 월요일은 인사 다닌다고 분주했지만, 이후부터는 특별히 대한에게 주어진 일은 없었다. 그래서 금요일 샘플링 검사 발표준비를 위해 통계책을 여기저기 뒤적여 보고 있었다. 샘플링 검사의 정의는 대충 알겠는데, 종류가 무척 다양했다. 그냥 몇 개만 뽑아서 검사하면 끝일 것 같은데, 샘플링 검사의 종류가 다양하다는 것은 무언가 목적에 따라 다른 샘플링 검사 방법을 쓰는 것 같았다.

"네, 열심히 준비하고 있습니다."

"음. 열심이라……. 이따 5시에 소회의실에서 잠깐 볼 수 있을까? 그동안 준비한 걸 나한테 설명해준다고 생각하고."

"예."

시계를 보니 3시 30분이었다. 대한은 사무실 구석에 있는 커피 자판기로 가서 능숙한 솜씨로 커피를 한잔 뽑고는 옥상으로 향했다. 담배를 태우는 것은 아니지만, 그렇게 바람이라도 쐬고 내려오지 않으면 사무실에서 잠이 들어 버릴 것 같기 때문이다. 대한을 제외한 다른 팀원들은 모두 바빠 보였다. 특히 김 파트장의 경우에는 전화를 받으면서 메일을 보고, 마우스로는 결재하는, 여러 가지 일들을 동시에 하는 것을 자주 목격하였다. 그건 마치 고속도로에서 시속 130킬로로 운전하면서 전화 받고, 사발면을 먹으면서, 스마트폰으로는 드라마를 보는 운전기사님 같았다. 물론 보는 사람은 위태위태하게 바라보지만 정작 본인은 그러한 생활에 익숙한 듯 아무런 거리낌이 없는 듯 보였다.

가끔은 하는 일 없이 사내 인트라넷 공지사항 확인하고, 통계책을 뒤적이는 자신이 조금 부끄러울 때도 있었다. '신입직원이니까'라고 스스로 위로를 하기에는 좀 부족한 듯했고, 빨리 대한 자신도 업무를 맡아 바쁘게 일을 하고 싶었다. 물론 지금 대한에게 주어진 가장 중요한 일은 내일 샘플링 검사에 대한 발표를 성공적으로 하는 것이다.

회사생활에서 생긴 미스터리는 다들 언제 양치를 하는지 알 수가 없다는 것이다. 대한은 보통 1시에 점심시간이 끝나면 칫솔을 들고 양치하러 가는데, 그때는 화장실에 양치하는 사람이 아무도 없기 때문이다.

아무튼 그 바쁜 김 파트장이 시간을 내서 대한을 보자고 했으니,

대한은 그동안 책에서 본 것을 머릿속으로 정리하기 시작했다.

이윽고 5시가 되어 가자 대한은 통계 책과 회사 업무일지를 들고 소회의실로 향했다. 회사 로고가 박힌 업무일지와 명함은 출근 첫날 자신의 책상 위에 올려져 있었다. 김 파트장은 다른 회의에 참석했다가 바로 소회의실로 온다고 했다. 대한은 가는 길에 음료수 자판기에서 과일 음료 2개를 샀다.

'이 정도 눈치면 만족하시겠지. 샘플링 검사 공부도 어느 정도 했으니..'

하지만 소회의실 문을 열고 들어가자 김 파트장은 벌써 자리에 앉아서 무언가 보고 있었다. 대한은 후다닥 파트장의 맞은편에 앉았다. 그리고는 음료수를 하나 건넸다.

"파트장님, 하나 드시고 하시죠."

"어, 고마워. 마침 장시간 회의를 하다 보니 목이 말랐는데."

김 파트장은 캔을 따고는 시원하게 한 모금 마셨다.

'오호, 대한 레벨 업인가. 역시 음료수를 사 오길 잘했어.'

"이제 시작해 보지."

"네. 흠흠."

대한은 헛기침을 몇 번 하고는 이내 말을 이어나갔다.

"먼저 샘플링 검사란 로트로부터 미리 정한 샘플링 검사방식, 여기서 샘플링 검사방식이란 샘플 수 및 합격판정 기준을 말합니다. 샘플링 검사방식에 따라 샘플을 선택하여 검사를 하고, 그 실시 결과를 기 설정된 합격·불합격 판정 기준과 비교하여 해당 로트의 합격·불합격을 판정하는 검사를 의미합니다."

"어? 자료는 따로 없어?"

"자료요?"

"나는 그냥 이렇게 듣기만 하면 되는 거야?"

"아, 발표 자료를 만들까요?"

"내일 팀장님 앞에서 할 때는 발표 자료를 만들어야 돼. 팀장님은 늘 바쁘므로 대한 군의 얘기에 계속 귀 기울이면서 일을 처리할 시간이 부족하다고. 팀장님 정도 되면 만든 자료만 보면 바로 핵심을 파악하실 수 있어. 그리고 중요한 건 늘 자료를 만들어 둬야지만 대한 군도 생각이 정리되고, 나중에 다른 사람도 자료 공유가 가능해지지. 자기 머릿속에만 있는 지식은 회사에서 별로 소용이 없어. 이제부터 대한 씨가 회사에서 만든 모든 자료는 대한 씨 것이 아니라 회사 사람 모두의 것이어야 해."

"네, 그렇군요."

대한은 얼굴이 붉게 달아오르는 것을 느꼈다. 아직 회사의 기초를 모른다는 꾸지람으로 들렸기 때문이다.

"일단 준비한 것은 계속 얘기해봐."

"네, 이어서 하겠습니다. 샘플링 검사의 종류는 크게 3가지로 나눠볼 수가 있는데, 첫 번째로 검사 시점에 따른 분류, 두 번째로 검사 방식에 따른 분류, 마지막으로 검사횟수에 따른 분류로 나눠볼 수가 있습니다. 첫 번째 검사 시점에 따른 분류는 원재료의 수입부터 가공, 출하까지의 과정을 기준으로 나눈 검사이고..."

김 파트장의 지적은 계속되었다.

“잠깐, 그 분류 기준은 어디에 나온 거지?”

“아, 예, 일반적으로 이런 식으로 분류합니다. 상식적으로 생각해 봐도...”

파트장이 대한의 말을 다시 끊었다.

“아니 아니, 명확하게 어디에서 그렇게 분류를 나눈다고 되어 있지?”

‘네이버인가 구글인가?’

대한은 속으로 둘 중 하나일 거라고 생각했지만 차마 그 말을 해서는 안 될 분위기라는 것을 느꼈다.

“대한 씨. 회사 일은 늘 추적이 가능해야 해. 그래야만 나중에 무슨 문제가 생겼을 때 그 원인을 따져보고 고칠 일이 있으면 고치고, 잘된 것이 있으면 다른 부서에도 공유해 줄 수가 있거든. 솔직히 나는 화공과 출신이어서 샘플링 검사의 통계적 이론에 대해서 잘 몰라. 하지만, 우리 일은 늘 근거가 명확해야 돼. 지금 대한 씨가 얘기하는 것들은 최소한 KS(한국산업표준)에서 인용하는 것이 맞을 듯싶은데?”

“KS요?”

“그래 KS. 만일 KS에 없으면, 참 대한 씨 토익점수 높던데, 영어 잘할 거 아니야, ISO나 MIL 규격도 검색해 보고. 검색 사이트는 알지?”

“아, 알려주시면 감사하겠습니다.”

“설마, 아까 나한테 얘기한 분류기준, 그거 네이버에서 검색해 보고 얘기했던 건 아니겠지?”

대한은 또 한 번 얼굴이 달아오르는 것을 느꼈다. 얼른 업무일지를 펴고 펜을 들었다.

"KS 규격은 www.standard.go.kr에서 무료로 검색 및 열람이 가능하고, MIL 규격은 quicksearch.dla.mil에서 검색, 열람 및 다운로드까지 가능해. ISO 규격 대부분은 번역되어 KS 규격으로 존재하니 굳이 찾아볼 필요는 없을 것 같아."

대한은 김 파트장의 말을 받아 적었다.

"이어서 해보지."

"샘플링 검사 시 불량률에 따른 로트의 수락확률은 이항분포나 포아송 분포를 사용해서 나타냅니다."

김 파트장은 다시 말을 끊고 질문을 던졌다.

"아니 아니 그전에, 샘플링 검사는 왜 해야 돼? 안 하면 안 되나? 샘플링 검사를 하면 누구에게 이득이 있는 거지? 사업장님이나 팀장님에게 중요한 건 이거 아닌가? 일단 이 물음에 답을 먼저하고 나머지를 풀어 나가는 게 맞을 듯싶은데?"

대한이 준비한 것은 통계 책에 나온 샘플링 검사의 기본이론, 이항분포니, 포아송 분포니, 생산자 위험 등을 계산하는 법 등이었다. 파트장의 질문은 전혀 생각지 못한 것이었다.

"대한 씨, 회사 일은 기본적으로 사칙연산 이상을 사용해서 설명을 하면 안 돼. 회사는 다양한 전공의 사람들이 모여서 공통의 목적을 추구해 나가는 것이기 때문에, 가능하면 다른 사람에게 쉽게 얘기를 하고 이해를 시키고 설득시킬 수 있어야 해. 좀 극단적으로 말하자면 대한 씨가 얘기하는 것은 옆집 사는 70살 먹은 할머니가 이해할 수 있도록 쉬워야 한다고. 그리고 회사는 이론, 더 심오한 이론, 더 나은 이론을 찾는 게 목적이 아니야. 그게 무엇이 되었던지 회사에 도움이 되면 좋은 이론이고, 도움이 안 되면 나쁜 이론이야."

"일단 내일이 발표니 이렇게 정리를 하지. 첫째 파워포인트로 자료를 만들고 팀장님을 위해 한 부는 출력해 놓을 것. 두 번째로 통계책이 아닌 가능한 KS 나 MIL 규격 등 문서로 만들어진 관련 근거가 존재하는 자료를 사용할 것. 세 번째로 왜 샘플링 검사를 해야 하는지 스스로 답을 할 수 있을 것. 이렇게 세 가지 관점에서 생각해보고, 자료를 준비해 보자. 시간이 빠듯하겠네. 그럼."

김 파트장은 바로 일어났다. 대한은 머리가 아파졌다. 파트장의 요구사항은 타당한 것이고, 그렇게 해야 한다는 것을 대한 자신도 느꼈다. 문제는 오늘 민정과 저녁 약속을 했다는 것이다. 물론 약속을 정한 사람은 대한 자신이었다.

'오늘 약속 미루자고 하면……. 안 되겠지?'

민정은 시간 약속에 굉장히 민감했다. 더구나 취업 턱을 낸다고 한 것은 대한 자신이었다.

'어휴……. 일단 민정이네 집 근처에서 보자 그래야겠다. 그러면 조금이라도 시간 절약이 될 테니.'

표 13 각종 규격 설명 및 검색 사이트

약어	Full Word	의미
KS	ㅇKorean Industrial Standards (https://standard.go.kr/) ㅇ대한민국 산업표준	ㅇ 대한민국 산업 전 분야의 제품 및 시험, 제작 방법 등에 대하여 규정하는 국가 표준으로 각 분야 전문위원회의 심의를 거쳐 제·개정되며, 기술표준원장이 관보를 통하여 고시 ㅇ기본, 기계, 전기 등 23개 부분 약 2만 3천여종의 표준 존재
ISO	ㅇInternational Organization for Standardization (http://www.iso.org/iso/search.htm) ㅇ국제표준화 기구	ㅇ ISO는 여러 나라의 표준 제정 단체들의 대표들로 이루어진 국제적인 표준화 기구 1947년에 출범하였으며 나라마다 다른 산업, 통상 표준의 문제점을 해결하고자 국제적으로 통용되는 표준을 개발하고 보급 ㅇ정회원 108개국, 준회원 48개국 등 총 165개국이 가입 및 활동
ANSI	ㅇAmerican National Standards Institute (http://www.ansi.org) ㅇ미국 표준협회	ㅇ미국의 산업표준을 제정하는 기구 ㅇ1918년에 설립된 비영리 민간법인기구(직원수 약 100여명) ㅇ대략 125,000개 이상의 기관과, 3,500,000여명의 전문가 회원 보유 ㅇ대외적으로 ISO 및 IEC의 미국 대표기구로 창구 역할과 행정적 지원 업무 수행
MIL	ㅇMilitary Standard (MIL-STD 또는 MIL-SPEC라고도 부름) ㅇ미국 국방규격	ㅇ미 국방성에서 제정하여 사용하는 군사관련 규격서 ㅇ항공, 우주 분야같이 상대적으로 기술이 뒤쳐진 국가에서 주로 인용, 번역하여 자국실정에 맞게 사용

데이트는 업무의 연장?

대한의 입은 '메모리'라는 이탈리안 레스토랑에서 파스타를 먹고 있지만, 머릿속은 내일 발표 자료를 요리하느라 굽고, 연기도 나고, 태우기도 하고 복잡했다. 어디서 자료를 모아서 할지, 어떻게 자료를 구성할지, 분량은 어느 정도로 해야 할지, 이렇게도 해보고 저렇게도 해보고 메뉴를 계속 바꾸면서 다양하게 요리를 만들어봤다. 하지만 맘에 드는 건 없었다.

"무슨 걱정 있어?"

민정이 대한의 눈을 바라보며 물었다.

민정과는 대학교 2학년 때 소개팅에서 처음 만난 이후 계속 만나온 사이였다. 중간에 대한이 군대 다녀온 기간을 생각하면 벌써 6년 동안 만난 것이다. 민정은 경영학 전공으로 대학교를 졸업하고 바로 중견기업의 사무직으로 취업했다. 대한과 나이는 같지만, 직장 경력에서는 대한보다 선배라 할 수 있었다. 대한은 고민하다가 결국 깊은 한숨과 함께 입사 이후 있었던 일들을 시간적 흐름에 따라 민정에게 설명했다. 또한, 내일이 대한에게 매우 중요한 하루가 될 거 같다는 본인의 느낌도 추가했다.

"그랬구나. 어떻게 자료를 만들어야 할지 생각은 정리가 좀 되었어?"

민정은 대한의 처지에 공감하는 눈빛을 보내며 대한에게 물어보았다.

"아니. 뒤죽박죽이야. 이것저것 다 쓰자니 만들어야 할 분량이 너무 많을 것 같고, 샘플링 검사의 분류 및 기본통계이론을 다른 사람한테 설명하려고 하니 발표 주제와 맞지 않는 거 같고."

"파워포인트로 만들어진 자료를 정리하고 가다듬는 것은 나도 도와줄 수 있는데, 자료 구성하는 것은 전공분야가 다르다 보니 내가 도와줄 수 있는 부분이 적을 거 같아."

민정은 한쪽 눈썹을 찡그리면서 긴 손가락으로 머리카락을 쓸어 올렸다.

"아냐, 괜찮아. 내 일이니까 내가 고민하고 해결해야지."

민정은 손가락으로 테이블 위에 무언가 쓰는 듯했다.

"아, 너 노트북 있지?"

"노트북? 응, 차에 있지."

입사 기념으로 부모님께서 사주신 SG 전자의 최신형 노트북이었다. 무게가 1kg도 안 나가서 휴대하기가 무척 편리했다. 사실 입사와 함께 회사에서 사내업무용 노트북이 지급되어 SG 전자의 노트북은 사용하지는 않고 차에 늘 휴대하고 다녔다.

"학교가 근처니, 안상수 교수님한테 찾아가 보는 건 어때?"

"지금? 8시가 다 되어 가는데?"

"지난주 6시경에 학교에 서류 떼려고 갔다가 1 공학관 앞에서 우연히 뵈었는데, 요즘에 과제 하시는 것 때문에 밤샘작업 하신다고 하더라고."

대한은 순간 머릿속이 환해지는 걸 느꼈다. 안상수 교수는 학교 때 스스럼없이 다가갈 수 있는 교수 중 한 명이었다. 늘 수업시간에 아재 개그를 시도했는데, 그다지 재밌지는 않았지만, 수업내용을 이해하고 기억하는 데 도움이 되었다.

"갑자기 찾아뵈면 번거로워하시지 않을까?"

민정은 대한에게 단호히 얘기했다.

"안 교수님이 그랬잖아, 할까 말까 고민할 때는 하고, 먹을까 말까 고민할 때는 먹지 말라고."

"그렇긴 한데."

"지금 너는 할까 말까 고민하는 거잖아. 그럼 해야지. 가자. 참 오늘 저녁은 네가 산다고 했지?"

"학교에 너도 같이 간다고?"

"응. 이렇게 되면 데이트도 업무의 연장이 되는 거네."

대한과 민정은 안상수 교수를 만나러 학교로 출발했다. 대한이 운전하는 동안 민정은 안상수 교수한테 전화로 간단히 사정을 설명하고 학교로 뵈러 간다고 말씀드렸다. 대한은 운전하면서 혹시 안상수 교수가 거절할까 걱정했기에 민정에게 바로 물었다.

"교수님이 뭐라셔?"

민정은 바로 대답했다.

"올 때 온달에서 허브 튀김 3,000원 어치하고, 떡볶이 3,000원 어치 사오라는데? 콜라는 학교 1층 자판기에서 뽑아오고."

"배고프신가 보네? 근데 콜라는 왜 학교에서 뽑아오라는 거야?"

"어머, 너 몰랐니? 학교 자판기 음료가 마트에서 파는 것보다 300원 더 저렴하잖아."

안 교수 연구실은 1 공학관 4층에 위치했다. 대한은 오늘 파트장과 있었던 일을 간단히 설명해 드렸다.

"흠. 대한이네 파트장, 아, 김 파트장이라 그랬나? 그분이 얘기한 게 마음에 드네. 짧은 시간에 대한이가 해야 할 걸 잘 요약해 주셨네. 좋아, 그럼 같이 자료 구성을 해보자고."

안 교수는 연구실 책상에 놓인 A4 이면지를 한 뭉치 꺼내서 대한 옆에 앉았다. 안 교수는 학교 다닐 때도 과제 제출을 꼭 A4 지에 손으로 작성한 것만을 받았다. 심지어 그림 자료 역시 손으로 그리는 것을 필수로 하였다.

"먼저 듣는 사람에 대해 정의를 해보자. 청중은 일단 샘플링 검사를 하지만, 주어진 규칙대로만 하고, 그 필요성 및 샘플링 검사별 장단점은 모른다고 봐야겠네. 따라서 괜히 확률이나 분포 얘기는 할 필요가 없을 것 같아."

안 교수는 대한이 사온 김말이 튀김을 하나 입에 넣고는 콜라 한 모금과 함께 먹으면서 얘기를 이어나갔다.

"시작은 간단한 용어들 정의부터 하는 게 좋을 것 같아, 만일 산업 표준 간에 용어 정의가 다르면 다른 부분을 집중적으로 언급하고, 그러고 나서는 샘플링 검사의 사전적인 정의와 왜 샘플링 검사를 해야 하는지 고민과 생각도 적어보고. 아, 간단한 그림을 그려서 설명하는 게 좋겠네. 그림을 잘 그릴 필요는 없어. 보는 사람이 이해만 하면 되니까."

"교수님 그런데 샘플링 검사를 꼭 해야 하나요?"

대한은 파트장이 대한에게 물은 질문을 다시 안 교수에게 물었다.

"왜 그렇게 생각하지?"

"음. 요즘에는 제품의 품질 수준이 많이 올라가서 굳이 검사해서 확인할 필요가 없지 않을까요?"

사실 이 얘기도 사업장장이 대한에게 한 질문이었다.

안 교수는 책상 위에 놓여 있던 신문에 시선을 두다가 말을 이었다.

"엊그제 신병훈련소에서 수류탄 사고가 발생하여 2명이 사망한 거 같던데. 뉴스를 보니까 수류탄이 대략 3초에서 6초 사이에 터져야 된다고 하네. 너무 일찍 터지면 수류탄을 던지는 사람이 위험하고 너무 늦게 터지면 적들이 떨어진 수류탄을 보고 다 도망가 버려서 살상 효과가 떨어지고."

"네. 저도 뉴스에서 봤어요."

방위산업체에 입사한 이후, 대한은 방위산업 관련 뉴스를 열심히 챙겨 봤기에 수류탄 사고 소식은 알고 있었다.

"당시 훈련 교관 증언으로는 훈련병이 수류탄을 잡고 있는 상태에서 터졌다고 증언하더군. 뭐 정확한 원인은 관련 기관에서 파악하겠지만, 우리가 궁금한 건 수류탄이 제대로 제조가 되었는지 안 되었는지 여부야."

"네. 그렇죠."

"수류탄이 제대로 제조가 되었는지 안 되었는지 확인하려면 어떻게 해야 할까?"

대한은 곰곰이 생각하다가 대답했다.

"샘플링 검사, 즉 제조된 수류탄을 터트려 일부를 시험해 보는 수밖에 없겠네요."

"맞아. 그런 걸 우리가 파괴검사라고 부르지. 시험하고 나면 제품의 가치가 없어지거든. 그리고 아무리 제조자가 수류탄을 완벽하게 만들었다고 해도, 투하탄을 사용하는 고객 입장에서는 시험을 한 번도 안 한 수류탄을 아무 걱정 없이 사용할 수 있을까?"

대한은 곰곰이 생각해 보았다. 내가 지금 신병이라면, 그런데 지금 내가 사용해야 하는 수류탄이 완벽하게는 만들었다고 제조자는 주장하지만 성능 실험을 한 번도 안 한 제품이라면?

"샘플링 검사를 할 수 밖에 없겠네요."

안 교수는 얘기를 이어나갔다.

"그래. 사실 제조자 처지에서 보면 샘플링 검사란 시간과 비용이

드는 일이어서 가능하면 줄이고자 하고, 소비자 관점에서 보면 품질을 보증받기 위해서 가능하면 늘이려고 하지. 양쪽 모두를 만족하게 하기 위한 적절한 숫자를 결정하기 위해서 우리가 통계이론을 배웠던 거고."

대한은 머릿속에 잔뜩 끼였던 먹구름이 걷혀 가는 느낌이었다.

"처음에는 모든 제품을 검사하는 전수검사, 시험을 아예 안 하는 무시험 검사, 그리고 일부만 검사하는 샘플링 검사 이 3가지를 비교하고. 우리가 정리하려는 것은 샘플링 검사니까, 샘플링 검사의 분류를 간단간단하게 설명하고 왜, 언제 이런 샘플링 검사를 사용하는 것이 좋은지 설명하는 것이 좋을 것 같은데? 예를 들어 왜 계량형 샘플링 검사를 쓰는지, 혹은 그에 따른 단점은 무엇인지."

"아, 이런 것은 표를 만들어 비교하면 좋겠네요."

대한은 도요타 생산시스템 강의시간에 학교 후문 2곳의 중국집을 비교하기 위해 Q(품질), C(비용), D(신속성)로 평가 척도를 잡고 비교를 하였던 기억을 떠올렸다. 그때는 당연하게 생각되었는데, 지금 와서 왜 그런 과제를 했는지 이해가 되었다. 무언가를 비교할 때는 공통의 품질특성에 대해 표를 작성하는 것이 보는 이에게 빠른 비교가 가능하도록 정보를 제공해 줄 수 있었다.

"그렇지. 또한, 중요한 건 계량화야. 즉 좋다 나쁘다 같은 정성적인 표현이 아니라, 숫자로 나타내는 계량적인 표현이 중요하지. 그래야 비교할 수 있으니까."

표 14 QCD 관점에서 비교한 두 중국집

	왕 싸다 중국집	맛있어 중국집	비고
맛	3	8	Q(품질)
양	7	6	Q(품질)
짬뽕국물 서비스	0	4	Q(품질)
가격	9	4	C(비용)
배달신속성	9	5	D(납기)
합계	28	27	

"네. 이제 대략 자료 구성을 어떻게 해야 할지 감이 잡히네요."

"그래? 다행이구나. 그럼 우리가 용어정의를 했고, 샘플링 방법별로 비교를 했고, 마지막은 무엇으로 자료를 구성하는 것이 좋을까?"

안 교수는 콜라를 한 모금 들이키며 대한에게 물었다. 민정 역시 대한을 바라보았다.

"음... 잘 생각이 안 나네요."

대한은 머뭇거리며 대답했다.

"사실 회사에서는 신입직원이 들어오면 긴장을 하지. 왜냐하면, 같은 일을 반복하다 보면 자기들이 하는 일이 잘못되었더라도 잘못되었는지 인식을 못 하거든, 하지만 신입직원은 잘되었나, 잘못되었나를 금방 인식할 수 있거든."

"그런가요?"

대한은 쉽게 이해가 가지 않았다.

"응. 그래서 마지막은 샘플링 검사 절차를 넣었으면 좋겠어. 그러면 너의 선배들이 샘플링 검사를 옳게 하고 있었는지를 뒤돌아보는 계기가 될 거야."

"만일 회사 선배들이 틀리게 하고 있었다면요?"

"고치면 되지."

"고친다고요?"

"응. 회사는 잘못된 것에 대한 수정, 즉 시정조치가 굉장히 빠르니까."

대한의 옆에는 민정이 안 교수가 얘기한 것을 메모하고 있었다. 메모지를 모으니 대략 아래와 같았다.

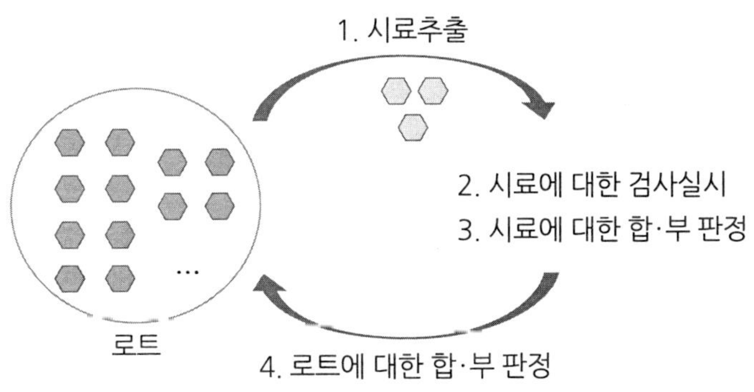

그림 6 샘플링 검사에 대한 개략도

용어정의	KS	ISO	MIL
로트			
AQL			
샘플링 검사			

	장점	단점	비고
계수형 샘플링 검사			
계량형 샘플링 검사			

	장점	단점	비고
규준형 샘플링검사			
선별형 샘플링검사			
조정형 샘플링검사			
연속생산형 샘플링검사			

	장점	단점	비고
1회 샘플링 검사			
2회 샘플링 검사			
다회 샘플링 검사			
축차 샘플링 검사			

	장점	단점	비고
전수 검사			
무시험 검사			
샘플링 검사			

준비
- 검사단위, 항목, 시험방법, 품질판정기준, 검사시점 결정

실시
- 로트구성, 시료선택법 및 로트의 조치법 결정

검사의 정리
- 검사결과의 기록 및 활용방법을 결정

그림 7 샘플링 검사 절차도

대한은 지금까지 벼락치기 공부를 해본 적이 한 번도 없었다. 왜냐하면 전날 공부해봐야 얼마나 실력이 늘겠냐라는 생각과 전날 쌓은 지식은 금방 까먹을 거라는 생각을 했기 때문이다. 하지만 지금은 새벽 4시다. 10시경 민정이를 집에 데려다주고, 아직 씻지도 못한 채 노트북을 붙잡고 슬라이드를 작성하고 있었다.

KS 표준은 e 나라 표준인증 사이트에 가면 무료로 검색 및 열람이 가능했고 MIL 규격의 경우 ASSIST라는 사이트에 가니 규격의 원문 PDF 파일까지도 다운로드가 가능했다. 안 교수의 조언과 민정이 메모한 것을 토대로 자료들을 찾으면서 파워포인트 자료를 만들다 보니 시간이 부족했다.

마지막으로 안 교수의 조언이 머리에 떠올랐다.

'설명하는 네가 모르면 듣는 사람도 모르니, 네가 아는 내용만 자료에 담아. 운전하는 것과 똑같은 거야. 운전사가 운전을 편하게 하면 조수석에 탄 사람도 마음이 편하고, 운전사가 불안하면 조수석에 앉은 사람도 불안하지.'

'그리고 샘플링 검사 방식 중에 계량형 샘플링 검사방식이라고 있는데, 사실 이게 널리 안 알려졌지만 효과성 및 비용절감 측면에서 좋은 효과가 있거든. 아마 기업에서는 이러한 게 있다는 걸 잘 모를 테니 이 부분을 결론 혹은 제안? 이런 형식으로 마무리하면 좋을 것 같아.'

대한은 시계를 힐끗 보고는 생각했다.

'7시까지는 자료가 완성되어야 9시까지 출근할 텐데…….'

전수검사, 무시험검사, 샘플링검사

전수검사는 공정 능력이 불충분하여 요구되는 품질 수준보다 불량률이 크거나 소수의 불량품이라도 고객에게 인도 시 치명적인 결과를 초래할 우려가 있으면 실시한다. 무시험 검사는 공정 능력이 충분하고 불량품이 거의 나오지 않는 것이 확실할 경우에 실시하며, 샘플링 검사는 어느 정도 불량품의 혼입이 허용되는 경우 공정이 다소 불안정하여 가끔 품질이 나쁜 로트가 나오거나 간헐적인 거래 등에서 로트의 품질에 대한 정보가 불충분한 경우에 사용한다.

표 20 전수, 무시험, 샘플링 검사들의 특징 및 비고사항

	특징	비고
전수검사	1) 공정의 상태로 보아 불량률이 크고 미리 정한 품질수준에는 도달하지 못했을 때 2) 불량품을 놓치면 인명 사고의 염려가 있거나 또는 후공정이 소비자에게 중대한 손실을 줄 때 3) 검사 비용과 비교하여 얻는 효과가 클 때, 예를 들면 Go-no 게이지나 자동 검사기 등을 사용하여 능률이 좋고 안정된 정밀도에서 시험과 측정을 지속적으로 할 수 있을 때	전수검사를 사람의 측정에 의존시 검사 미스도 발생하기 쉬우므로, 가능한 지그를 사용하거나 검사를 자동화할 필요가 있다.
무시험검사	1) 제조공정이 관리 상태에 있으며 다음 공정으로 옮겨도 손실은 문제가 안 되는 상태로 되었기 때문에 관리도에 이상이 발생하지 않는 한 로트의 시험을 생략할 때 2) KS 지정 상품 등 품질 보증 표시가 있는 상품에 대하여 구입 검사를 무시험으로 함	단, 무시험 검사를 채용한 경우라도 제조공정의 상태가 변하고, 품질의 정보를 얻지 못하며 이상이 일어난 경우, 효과적인

	3) 장기간에 걸쳐 검사 결과가 좋고, 사용 실적도 양한 제품의 수입 검사를 공급자의 검사 성적표 확인을 통해, 시료의 시험을 생략하는 간접 검사로 바꾸었을 때	대응조치를 취하기가 어렵게 된다.
샘플링 검사	1) 파괴검사, 장시간, 고비용 시험 등 불가피한 사유로 전수 검사를 할 수 없을 때 2) 비정기적인 거래 등으로 인해 로트의 품질에 관한 사전 정보가 부족할 때 3) 품질 수준은 반드시 만족하지는 않으나 전수 검사를 필요로 할 정도는 아니며, 나쁜 품질의 로트만은 전수 선별하는 등의 방법에 의해서 평균 품질의 개선을 꾀하고 싶을 때 4) 검사 성적에 의하여 공급자를 가려서 선택하고 싶은 경우에, 로트마다 품질이 변동될 때 또는 로트수가 아직 적어 간접 검사로 옮기기에는 불충분하다고 판단될 때	

표 21 샘플링 검사의 절차도

주요단계	세부단계	주의사항
준비	검사 단위를 정함	만일 설탕, 소금, 휘발유 등과 같이 검사 단위를 결정하기 어려운 경우에는 일정한 질량(길이 혹은 용량) 등을 검사 단위로 정함.
	검사 항목을 정함	제품 규격에 주어진 모든 특성을 검사 항목으로 선택하기 보다는 항목의 중요도에 따라 검사항목을 선택한다.
	시험 방법을 정함	측정 장소, 측정기계, 측정절차, 시험조건(온도, 습도, 조명 등), 데이터의 정리방법(수치의 맺음법, 이상치의 취급법 등) 등을 사전에 규정
	품질판정기준을 정함	필요시 한도견본, 그림, 사진 등을 사용하여 구체적으로 표현

준비	공정의 어느 단계에서 검사할지 결정	가급적 검사하려는 품질특성이 결정되어진 직후의 공정에서 검사하는 것이 좋음
	무시험검사, 전수검사, 샘플링 검사 중 결정	품질 수준 및 시험의 특성을 고려하여 결정
	품질 지표를 정함	로트의 불량률(%) 혹은 로트의 100단위당 결점 수 등
	샘플링 표를 정함	계수(불량개수 혹은 결점수) 혹은 계량(측정치) 샘플링 검사에서 선택
실시	로트를 구성함	한 로트내의 품질이 균일하도록 구성 (원료, 부품, 제조기계, 제조방법, 제조일시, 제조조가 다른 경우는 동일 로트로 구성하지 않음)
	랜덤 샘플링법	랜덤 샘플링을 통해 로트의 성질을 대표하도록 함
	로트의 처리 방법을 정함	불합격 로트에 대해서는 식별, 보관 장소 등을 명확히 하여 합격로트로의 혼입을 방지해야 하며, 불합격로트에 대한 조치(반납, 전수검사 및 불량품 교체, 폐기 등)는 사전에 결정되어져야 한다. 결함이 수정된 재검사 로트에 대한 샘플링 검사 방식은 보다 엄격하게 수행한다.
검사의 정리	검사결과의 기록방법을 정함	시험성적서 등을 활용하여 계수 (합불) 또는 계량(측정치)으로 기록
	검사결과의 활용방법을 정함	검사 엄격도 조정, 관리도 및 공정능력지수 계산을 통한 제조공정 이상 검출, 합부 판정 기준개선 등에 활용한다.

표 22 계수형 샘플링 검사방식과 계량형 샘플링 검사방식의 비교

	계수 샘플링 검사	계량형 샘플링 검사
품질의 표시	양품 ,불량품 또는 결점 수	측정치

특징	ㅇ검사에 숙련을 요하지 않음 ㅇ검사설비가 간단 ㅇ계산이 간단 ㅇ소요시간이 적음 ㅇ기록이 간단	ㅇ검사에 숙련을 요함 ㅇ검사설비가 복잡 ㅇ계산이 복잡 ㅇ소요시간이 많음 ㅇ기록이 복잡
이론상 제약	ㅇ로트 내 품질 특성치 분포의 제약이 없음	ㅇ로트 내 품질 특성 치 분포가 정규 분포라 가정
판별력	ㅇ시료수가 같으면 계량샘플링보다 판별력이 나쁨	ㅇ시료수가 같으면 계수샘플링보다 판별력이 좋음
검사기록	ㅇ활용도가 낮음	ㅇ활용도가 높음
적용이 유리한 경우	ㅇ검사비용이 물품가격보다 저렴한 것 ㅇ검사에 시간, 설비, 인원을 많이 요하지 않는 것 ㅇ검사 항목이 많아 로트의 품질을 종합적으로 보증하고 싶은 경우	ㅇ검사비용이 물품가격보다 높은 것 ㅇ검사에 시간, 설비, 인원을 많이 요하는 것 ㅇ중요 항목에 대해서 로트의 품질을 보증하고 싶은 경우

표 23 KS(ISO)와 MIL-STD 간의 품질특성 용어정의 비교

	KS(ISO)	MIL-STD_1916
치명 특성	제품을 사용 유지 혹은 보관하는 사람에게 위험이 미치는 경우 또는 안전하지 않은 상황을 초래하거나 초래할 것으로 예상되는 결점 및 최종 제품의 기본적인 기능에 중대한 영향을 미친다고 예상되는 결점	A characteristic that judgment and experience indicate must be met to avoid hazardous or unsafe conditions for individuals using, maintaining, or depending upon the product; or that judgment and experience indicate must be met to assure performance of the tactical function of a major item such as a ship, aircraft, tank, missile, or space vehicle.

중특성	치명결점은 아니지만 검사 단위의 실용성을 실질적으로 저하시켜, 소기의 목적을 달성하기가 곤란하다고 예상되는 결점	A characteristic, other than critical, that must be met to avoid failure or material reduction of usability of the unit of product for intended purpose.
경특성	검사 단위의 실용성 또는 유효한 사용 및 조작 등에는 거의 지장이 없다고 예상되는 결점	A characteristic, other than critical or major, whose departure from its specification requirement is not likely to reduce materially the usability of the unit of product for its intended purpose or whose departure from established standards has little bearing on the effective use or operation of the unit.

표 24 KS(ISO)와 MIL-STD 간의 용어정의 비교

	KS(ISO)	MIL-STD-109
AQL (합격품질한계)	연속적 시리즈의 로트가 합격판정 샘플링검사에 제출된 경우, 가장 나쁜 허용가능 공정 평균인 품질수준(전환 및 중지규칙이 있는 샘플링 검사가 사용되는 경우에만 적용)	The maximum percentage or proportion of variant units in a lot or batch that, for the purposes of acceptance sampling, can be considered satisfactory as a process average.
로트	함께 모아진 제품, 자재 또는 서비스의 정해진 양	A definite quantity of some product accumulated under conditions that are considered uniform for sampling purpose

	KS(ISO)	MIL-STD-109
샘플	로트에서 뽑아낸 하나 이상의 아이템으로 모집단에 대한 정보를 제공하는 것을 의도한 것	One or more units of product drawn from a lot or batch. Each unit is selected randomly. the number of units selected in proportion to the size of sub-lots or sub-batches or parts of the lot or bath, identified by some rational criterion.

〈기타 샘플링 관련 기본 용어 정의〉

표 25 샘플링 관련 용어 설명

용어	설명
관능검사	인간의 오감을 이용하여 품질을 평가 및 판정하는 검사
이화학시험	물품의 물리적 성질에 대한 시험과 화학적 성분을 분석·시험 하는 것
검사	제품 또는 서비스의 하나 이상의 특성에 대해서 측정, 조사, 시험 또는 계측을 하여 각 특성이 규정 요구사항에 적합한가를 판정하는 활동
계수형 검사	규정 요구사항에 관하여 일정 아이템을 단순히 적합품이나 부적합품으로 분류하는 또는 아이템중의 부적합 수를 세는 검사
부적합	규정된 요구사항에서 벗어남
등급 A	최고의 관심을 가지게 하는 유형의 부적합
등급 B	등급 A 다음의 낮은 정도의 관심을 가지게 하는 유형의 부적합
등급 C	등급 B 다음의 낮은 정도의 관심을 가지게 하는 유형의 부적합
결함	의도한 사용 요구사항의 불 충족을 의미하며, 사용자의 관점에서 제품 또는 서비스의 품질특성을 평가 시 사용
부적합품	하나 이상의 부적합을 포함한 아이템

아이템	개개로 기술하고 고려할 수 있는 것
샘플크기	샘플중의 아이템 수
샘플링검사 방식	ㅇ샘플링 검사에서 로트로부터 샘플링 하는 시료의 크기와 로트의 판정 기준과의 조합을 의미함 ㅇ계수형 샘플링 검사인 경우에는 시료의 크기와 합격판정개수가 필요하며, 계량형 샘플링 검사에는 시료의 크기와 합격판정치와의 조합을 의미
보통 검사	로트에 대한 공정 평균이 AQL보다 좋은 경우에 생산자에게 높은 합격확률을 보증하도록 한 샘플링 검사방식을 사용하는 것(※공정 평균이 AQL과는 다르다고 의심하는 이유가 없는 경우에 사용)
까다로운 검사	대응하는 보통 검사보다는 엄격한 합격판정 기준을 가진 샘플링검사 방식을 사용하는 것(※미리 정해진 수의 연속 로트의 검사 결과에서 공정 평균이 AQL보다 나쁘다는 것을 나타냈을 때 사용)
수월한 검사	대응하는 보통 검사보다는 작은 샘플크기를 가진 샘플링 검사 방식을 사용하는 검사(※판별력은 보통 검사의 경우보다 떨어짐, 미리 결정된 수의 연속 로트의 검사 결과에서 공정 평균이 AQL보다 좋다는 것을 나타냈을 경우 사용)
생산자 위험	합격으로 하고 싶은 어떤 특정된 좋은 품질의 로트가 샘플링 검사에서 불합격이 되는 확률
소비자 위험	불합격으로 하고 싶은 어떤 특정한 나쁜 품질의 로트가 샘플링 검사에서 합격하는 확률
한도견본	규격한계로 설정한 관능적 특성의 견본으로 적합품으로 판정하는 최저품질의 견본인 적합품 견본과 부적합품으로 판정하는 최고품질의 견본인 부적합품 견본이 있음

표 26 샘플링 관련 용어 설명

용어	설명
합격판정개수 (Ac)	로트에서 샘플을 추출하여 검사 시 부적합품의 개수가 Ac개 이하 시, 해당 로트 합격판정

불합격판정개수 (Re)	로트에서 샘플을 추출하여 건사 시 부적합품의 개수가 Re 개 이상시, 해당 로트 불합격 판정
합격 판정치	계량 샘플링 검사에서 로트의 합격 판정을 내리는 한계치
불합격 판정치	계량 샘플링 검사에서 로트의 불합격 판정을 내리는 한계치

〈출처〉
1. 샘플링 검사 통칙(KS A 3101), 국가기술표준원, 02.12.30.
2. Quality Assurance Terms(MIL-STD-109C), Department of Defense, 94,9.2
3. 계수형 샘플링검사 절차(KS Q ISO 2859-1), 국가기술표준원, 14.12.24.

발표의 시작은 떨림으로 시작하고, 끝은 늘 새로운 과제가 부여된다

"시작하지."

강 팀장이 회의실 끝 중앙에 위치한 의자에 앉으면서 얘기했다. 대한은 파워포인트 슬라이드 단축키인 F5를 누르면서 발표를 시작했다.

파워포인트의 발표 장수는 대략 20여장으로 오늘 오전 7시 10분에서야 겨우 작성이 끝났다. 20여 분 동안 세면, 식사 등을 마치고 후다닥 집 앞 버스정류장으로 뛰어갔다. 집은 회사와는 거리가 있는 관계로 1시간 전에는 버스를 타야 했기 때문에 7시 30분까지는 집에서 나서야 했다. 간신히 8시 30분에 회사에 도착하여 사무실 환기도 하고, 복사기 용지도 공급하고, 컴퓨터 전원도 켜놓고 등등 일들을 하다 보니 어느새 9시였다.

오늘은 1, 2, 3 파트원들이 모두 모여서 그런지 회의실이 꽉 찼다. 인쇄본은 팀장 및 파트장 포함 4본만 준비해서 미리 책상 위에 올려놓았다.

대한은 준비한 순서대로 용어정의, 샘플링 방법의 분류 및 장단점들을 차례로 설명했다. 특히 사업장장이 물어본 왜 샘플링 검사가 필요한지에 대해서는 안 교수가 얘기한 대로 소비자 관점에서 제품에 대한 신뢰를 받고자 하는 욕구의 충족을 위해 꼭 필요함을 얘기했다. 발표하면서 팀장의 얼굴을 힐끗 보니 거리가 멀어서 고개를 끄덕이는 건지 조는 건지 알 수 없었다.

'왜 높은 사람은 늘 끝에 앉는 걸까, 조는 걸 들키지 않기 위해서인가?'

30여 분간의 발표를 마치고 대한은 1 파트장의 얼굴을 바라보았다. 다들 샘플링 검사를 하고 있는데, 질문을 받는다는 것도 좀 어색한 것 같아서 이대로 끝내고 싶은 마음이었다. 발표 자료의 마지막 슬라이드에 "Thanks for the no question"이라는 자막을 넣고 싶은 마음이 굴뚝같았지만 그건 회사에서 용납되지 않음을 대한 자신도 느끼고 있었다. 다들 아무런 질문 없이 조용하자 1 파트장이 팀장의 눈치를 보고는 발표의 마무리를 청하는 듯한 의견을 요청했다.

"팀장님, 코멘트 사항 있으십니까?"

강 팀장은 천천히 입을 떼었다. 대한은 그 짧은 순간이 무척 길게 느껴졌다.

"재미있네. 특히 민수쪽, 즉, KS(ISO) 규격의 정의와 MIL 규격 간

용어에 대한 정의가 다른지 몰랐네. 늘 당연하게 생각하고 사용해온 용어인데 저렇게 표로 만들어 비교하니 차이가 확연하게 드러나는구먼. 우리는 사실 대부분 규격이 미국의 규격을 번역한 부분이 많아서 그냥 그러려니 하고 사용해 왔는데 좀 부끄럽네."

강 팀장은 우측에 앉은 2 파트장을 보며 질문을 던졌다.

"2 파트장, 우리는 현재 납지부대별로 로트를 구성하지?"

2 파트장이 목소리 톤이 긴장한 듯 조금 올라갔다.

"예, 보통은 제조 일자, 납지부대 및 납품량을 고려하여 로트번호를 부여합니다."

"그건 KS(ISO)에서 말하는 로트의 정의(함께 모인 제품, 자재 또는 서비스의 정해진 양)에는 부합하지만, MIL 규격(품질상태가 모두 같다)의 정의에는 부합하지 않는 거 아닌가?"

"부합하지 않다고 하기 보다는 저희의 품질은 완벽하여 모두 균일하므로, 조금 더 로트를 잘게 쪼개었다고 보는 게 타당할 것 같습니다."

2 파트장의 대답에는 무언가 서늘함이 느껴졌다.

강 팀장은 대한을 돌아보며 물었다.

"그래 대한 군. 먼저 짧은 시간에 발표자료 준비하느라 고생 많았네."

"예, 감사합니다."

대한은 뿌듯함을 느꼈다. 이런 말 한마디가 직장 생활에서의 성취감을 느끼게 해주는 것이리라.

"대한 군, 2 파트장 답변에 대한 자네 생각은 어떤가?"

하지만 대한은 화살이 이내 자기에게 돌아오자 당황했다.

"고객 입장에서 보면 로트 내 제품들의 품질이 모두 같은지 확신을 받고 싶어 할 것 같습니다."

"그래……. 그렇겠지. 더욱이 생명이 관련된 것이라면."

강 팀장은 이번에는 좌측에 앉아있던 3 파트장에게 물었다.

"3 파트장은 AQL이 Acceptable Quality Level에서 Acceptable Quality Limit으로, 즉 합격품질 수준에서 합격품질한계로 용어정의가 바뀐 것을 알고 있었나?"

3 파트장은 덩치도 크고, 얼굴도 크고, 손도 큰 사람이었는데, 그 큰 손을 맞잡으며 대답했다.

"솔직히 몰랐습니다."

"그래. 용어 정의는 사실 우리같이 현장에서 사용할 때는 별 차이는 없지만, 품질을 30년 해왔다고 한 우리인데, 이런 용어변경 사항을 몰랐다고 하면 부끄러운 거지."

"김 파트장, 가서 샘플링 검사하는 국방규격 하나 아무거나 가져와봐. 다른 사람들은 그사이에 10분간 쉬었다가 다시 모이지."

1 파트장은 규격을 가지러 갔고, 일부 사람들은 담배를 태우러 옥상으로, 나머지 일부 사람들은 커피믹스를 마시기 위해 정수기 앞으로 모였다. 강 팀장은 생각에 잠긴 듯 자리에서 팔짱을 낀 채로 대한의 자료를 뚫어지게 쳐다보고 있었다.

정확히 8분이 지나자 모두 제자리로 돌아왔고, 1 파트장은 규격서를 강 팀장 앞에 올려놓았다.

"예, 일단 전선 규격서 가져왔습니다."

4. 검사와 시험 및 품질보장

4 . 1 표규 955.1-973 (80.6.12) : 규격작성업무 간소화방침에 의거한다.

4 . 2 추가사항

4.2.1 검사방법

1) 샘플링검사로 한다. 단, 치명결점에 대해서는 전수검사로 한다.

2) 인장강도 가연성 물리적 특성시험은 파괴검사로 한다.

4.2.2 검사수준

1) 일반시험용시료

특별히 규정하지 않았으면 일반검사수준Ⅱ로 한다.

2) 기술시험용 시료

달리 규정하지 않았으면 경결점에 대해서는 특별검사수준 S - 2 달리 규정하지 않았으면 중결점에 대해서는 특별검사수준 S - 3로 한다.

4.2.3 결합의 구분

항 목	결 점	A.Q.L	검사방법
치명결점	절연결합 (절연체)		
101	연속전극 (Spark) 시험 (완성된 전선)	전 수	표준검사장비
102	탱크 (Tank) 시험	〃	〃
중결점			
201	열충격 저항	1.5 %	〃
202	동심도	〃	〃
203	마멸 저항 최소	〃	〃
206	가연성	〃	〃
경미결점			
301	도선의 꼬임 (Stranding)	6.5 %	〃
[illegible]	[illegible]	〃	〃

"이 품목 담당자가 누구지?"

강 팀장은 주변을 둘러보며 물었다.

"네. 저희 2 파트 담당 품목인데, 담당자가 지금 국과기술연구원 업무협의차 출장 갔습니다."

2 파트장이 대답했다.

"흠... 보자.. 그럼 전선은 치명결점은 전수검사, 중결점은 AQL 1.5%, 경결점은 AQL 6.5%, 그리고 검사 시점에 따른 분류에 의하면 우리는 제품을 다 만들고 검사를 하니 최종검사이고, 품질특성에 따른 분류에 의하면 계수형 샘플링 검사이고...."

"우리는 공정간 검사나 수입검사는 없는 거네..."

강 팀장의 말을 정리해보면 아래 표와 같았다.

결점 분류	AQL(%)
치명결점	전수검사
중결점	1.5%
경결점	6.5%

품목	검사시점에 따른 분류	품질특성에 따른 분류	검사방식에 따른 분류	검사 횟수에 따른 분류	비고
전선	최종검사	계수 샘플링 검사	조정형 샘플링 검사	1회 샘플링 검사	

"이거 로트 크기가 대략 얼마나 되나?"

"예. 전선 같은 경우는 납지가 많아서 한번 생산 시 200,000개씩 생산합니다."

"우리가 보관을 어디다 하지?"

"예, 서측 창고에 100개씩 상자에 담아 10단으로 적재하여 보관하고 있습니다."

"거기서 샘플링 검사를 한다는 거지? 랜덤하게 뽑아서?"

"네. 맞습니다."

강 팀장은 잠시 생각에 잠겼다. 강 팀장의 생각을 읽은 듯 김 파트장이 질문을 했다.

"근데, 우리가 랜덤하게 뽑을 수 있나요? 사실 모든 제품에 번호를 매기고 난수를 발생시켜서 뽑는다면, 모든 제품을 다 까뒤집어야 하는데……. 그럴 공간도 부족하고"

2 파트장은 당황한 듯 대답했다.

"그거야… 사실 완벽한 랜덤 샘플링은 불가능한 거 다 아시잖습니까? 저희는 상태가 나빠 보이는 제품들만 뽑아서 검사합니다."

"그렇게 되면 대한 씨가 발표한 내용의 기본 가정, 즉 랜덤 샘플링이 충족이 안 되는 거네?"

"그렇지만, 샘플을 뽑는다고 상자에 이미 담아 적재한 것을 모두 까뒤집는다면 별도의 전담 인력과 지게차가 있어야 할 겁니다. 그건 말이 안 됩니다."

"그렇겠지. 우리가 아는 랜덤 샘플링을 적용한다면 말이지."

강 팀장은 이번에는 대한을 보며 물었다.

"그런가? 랜덤 샘플링은 원래 산업현장에선 적용할 수 없는, 책에만 존재하는 건가?"

대한은 답변을 어떻게 해야 할지 몰랐다.

"검토해 보겠습니다."

"그래, 그럼 오늘은 여기까지 하자고, 대한 군 수고했어. 그리고 검토한 결과는 내일까지 나한테 알려주게."

"예?"

대한은 강 팀장이 무엇을 얘기하는지 몰랐다.

"랜덤 샘플링이 정말 현장에서 가능한지 불가능한지 말이야."

대답은 하나였다.

"예. 알겠습니다."

대한은 노트북을 덮고 프로젝터 전원을 끄면서 생각했다.

'오늘은 몇 시에 잘 수 있을까?'

대한은 점심을 먹는 것을 포기하고 그 시간에 휴게실에서 잠을 자는 것을 선택했다. 점심시간 한 시간은 무척 빠르게 지나갔다. 오후에는 보안부서에서 보안점검을 나온다고 하여 그동안 밀린 보안일지를 작성하는 일을 대한이 맡아서 해야 했다. 어려운 일은 아니였지만, 오후에 강 팀장이 준 숙제를 고민해 보려고 했던 대한에게는 성가신 일이 아닐 수 없었다. 보안일지는 결국 모든 질문사항에 대해 '네'에다가 동그라미를 치고 해당 일자와 서명을 하는 것인데, 이것을 굳이 매일 수기로 하는 이유를 대한은 알 수 없었다.

'보안일지를 왜 작성할까? 그리고 굳이 종이로 출력해서 보관해야 하는 이유는 뭘까? 어차피 답은 모두 '네'라고 정해져 있는데.'

대한은 업무일지 한구석에 '보안일지 업무 처리 간소화 필요'라고 적어놓았다.

〈출처〉

1. 전선규격서, 방위사업청, 81.6.28.

랜덤 샘플링은 정말 불가능한가?

대한은 저녁을 먹은 후 동네 초등학교 운동장을 걷기 시작했다. 무언가 생각이 연결되지 않으면 걸으면서 생각하는 것이 대한의 버릇이었다. 운동장에는 벌써 아주머니와 할머니 몇 분이 걷고 있었다.

대한의 옆에는 랜덤 샘플링이라는 풀리지 않는 주제가 같이 걷기 시작했다.

"랜덤 샘플링은 정말 불가능한 건가? 2 파트장님한테 제품의 보관을 상자에 담아서 적재하지 말고 순서대로 일렬로 하자고 하면 싫어하시겠지?"

하지만 그건 대한이 생각해도 말이 안 되는 제안이었다. 일렬로 배열하려면 엄청난 부지의 재고창고가 필요할 것이기 때문이다.

'그렇다고 랜덤 샘플링을 안 하면 샘플링의 의미가 없고, 하지만 랜덤하게 안 뽑는다고 하면, 악덕 제조업자의 경우 뽑는 제품들은

좋은 거로 만들고 안 뽑는 제품들은 나쁜 제품들을 전시해 놓겠지.'

대한은 얼마 전 마트에 가서 딸기 시식을 했을 때 맛있어서 한 상자를 구매했더니, 밑단에 배열된 딸기들은 맛이 없어 샘플링의 폐해를 경험한 기억을 떠올렸다.

'그렇다고 올바른 랜덤 샘플링을 위해서 딸기 상자 제일 밑에 있는 딸기를 꺼내 시식하자고 하면 딸기가 손상되고 포장도 다시 해야 하니 판매하시는 분이 싫어하겠지. 정말 랜덤 샘플링은 현실에서는 불가능한 걸까?'

대한은 걷던 걸음을 멈추고 운동장에 있는 장영실상 앞에 놓인 벤치에 앉았다.

'안 교수님께 문자를 보내 볼까? 벌써 저녁 9시네. 너무 늦었나?'

바로 그때 민정의 목소리가 들렸다.

"안 교수님이 그랬잖아, 할까 말까 고민할 때는 하라고."

대한은 스마트폰을 열고 문자를 작성하기 시작했다.

"교수님, 실제 산업 현장에서 랜덤 샘플링이 가능한 건가요?"

대한은 쑥스러운 마음에 일어나서 다시 운동장을 반대방향으로 걷기 시작했다.

"딩동"

답장은 금방 왔다.

"단순 샘플링은 어렵지만, 계통 혹은 2단계 샘플링도 있잖아?"

대한은 무언가 머릿속이 맑아지는 것을 느꼈다.

'뭐야, 랜덤 샘플링도 종류가 여러 가지가 있다는 거야?'

대한은 서둘러 운동장에서 나와 집으로 향했다. 그리곤 노트북을 열고 국가표준열람 사이트에서 랜덤 샘플링이란 제목의 규격을 검색했다. 두 개의 표준이 검색되자 대한은 떨리는 마음으로 마우스를 클릭하여 문서를 열어 보았다.

랜덤 샘플링 소개

일반적으로 랜덤 샘플링을 하기 위해서는 난수표, 주사위, 숫자를 써 놓은 룰렛, 제비뽑기식 칩 등의 랜덤 수 기구를 활용하여 난수를 얻을 수 있다. 하지만 이러한 기구들을 사용하는 것보다는 엑셀의 난수 생성기능을 활용하는 것이 편리하다.

랜덤 샘플링은 크게 5가지 방법(단순, 계통, 2단계, 다단계, 층별 샘플링)이 있는데 일반적으로 단순 샘플링(각 아이템에 고유의 번호를 매기고, 필요한 샘플 수만큼 난수를 생성하여 샘플을 뽑는 방법)만이 랜덤 샘플링 방법으로 인식하는 경우가 많다. 하지만, 단순 샘플링을 모든 현장에 적용하기에는 제품의 특성 및 보관 방법에 따라 어려운 경우가 많다. 예를 들어 제품을 생산한 후 보관공간

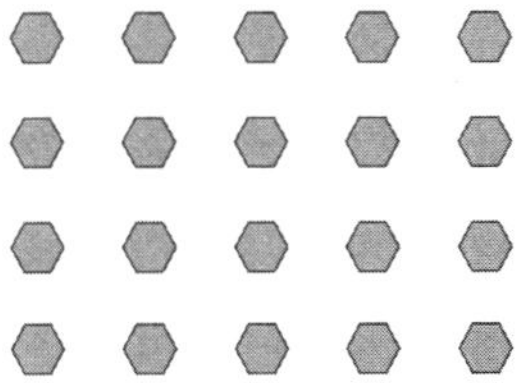

1. 로트 내 모든 아이템에 숫자를 매김
2. 원하고자 하는 샘플 수 만큼 난수를 발생시킴
   ※발생 가능한 난수의 최대 크기는 로트의 크기
   ※중복된 난수는 버림
3. 발생한 난수에 해당하는 만큼 샘플 채취

그림 11 단순 샘플링 절차

부족에 따라 박스에 100개씩 담아서 5단으로 적재한다고 하자. 이 제품들로부터 단순 샘플링을 통해 시료를 채취한다면 무척 힘든 일이 될 것이다.

계통 샘플링은 아이템이 일렬로 나열되어 있다고 가정 시, 일정한 간격으로 샘플을 채취하는 방법이다. 이를 위한 세부 절차는 아래와 같다.

단계	설명
1	아이템에 1부터 로트크기만큼 번호를 매긴다.
2	로트크기를 뽑고자 하는 샘플수로 나누어 얻어지는 값의 정수 값을 샘플링 간격으로 정한다.
3	1부터 2단계에서 얻은 정수값 사이의 숫자들 중에서 랜덤하게 하나의 숫자를 정한다.
4	3단계에서 얻은 숫자의 아이템을 시작점으로 매 샘플링 간격마다 아이템을 뽑는다. 만일 뽑힌 아이템의 수가 뽑고자 하는 샘플수보다 많은 경우는 랜덤하게 한 개를 버린다.

예를 들어 100개의 아이템에서 8개의 샘플을 계통 샘플링으로 뽑고자 한다면

1. 아이템들에 대해 1부터 100까지 번호를 매긴다.
2. 샘플링 간격은 100 / 8 = 12.5이므로 12로 정한다.
3. 1부터 12까지의 숫자들 중에서 랜덤하게 한 숫자를 뽑는다. 편의상 뽑힌 숫자가 6이라고 가정하자.
4. 이제 2번 아이템부터 시작하여, 18, 30, 42, 54, 66, 78, 90번에 해당하는 아이템들을 뽑으면 된다.

그 외 2단계 샘플링(로트를 1차로 여러 서브로트로 나눈 후, 2단계로 몇 개의 서브로트에서 원하는 수만큼 아이템을 뽑는 방법), 층별 샘플링(로트를 몇 개의 층으로 나누고 각 층에서 아이템을 랜덤하게 추출하는 방법), 취락 샘플링(로트를 몇 개의 층으로 나누어 그 층 중에서 몇 개의 층을 랜덤 샘플링하여, 층 안의 모든 아이템을 추출하는 방법) 등이 존재한다.

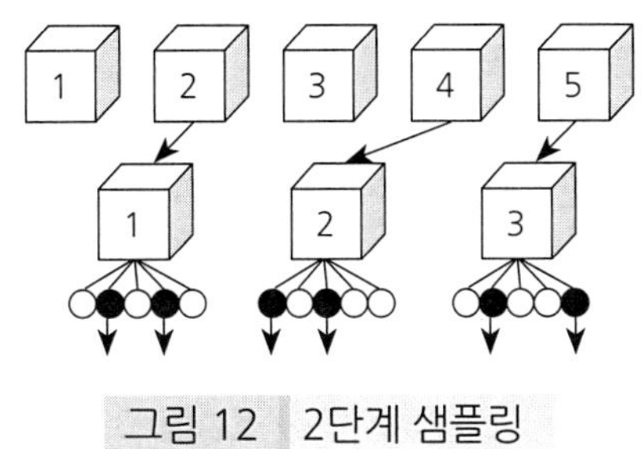

그림 12 2단계 샘플링

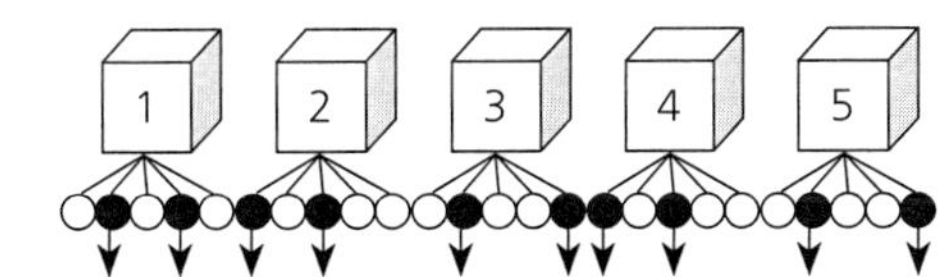

로트를 몇 개의 층으로 나누어 각 층에서 샘플을 랜덤하게 추출

그림 13 층별 샘플링

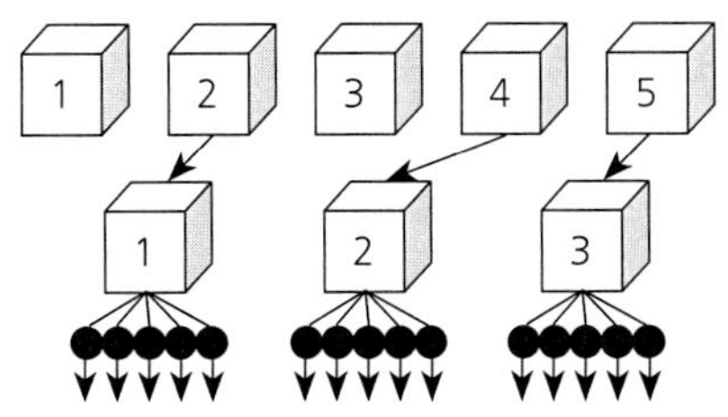

그림 14 취락 샘플링

딸기 20개가 1박스에 담겨 있고, 딸기 50박스를 같은 밭에서 생산 및 포장하였다고 가정하자. 그러면 생산된 딸기는 총 1000개이다. 고객은 딸기 50개를 검사하여 전체 딸기 50박스에 대한 합부판정을 한다고 가정하자. 이때 각 랜덤 샘플링별 방식을 설명하면 아래 표와 같다.

분류	설명
단순 샘플링	딸기 총 1000개를 바닥에 쏟아놓고, 1부터 1000까지 번호를 매긴 후, 중복되지 않는 난수(이때 난수의 크기는 1~1000) 20개를 발생시키고 그에 해당하는 딸기를 선택한다.
계통 샘플링	딸기 50개마다 1개씩 딸기를 선택하여 딸기 20개를 뽑는다.
2단계 샘플링	50박스에서 2박스를 선택하고, 선택된 박스들에서 딸기 50개를 뽑는다.
층별 샘플링	각 박스에서 딸기를 하나씩 선택한다.
취락 샘플링	박스 2개를 선택하여 해당 박스의 모든 딸기를 검사한다.

〈출처〉

1. 랜덤 샘플링 방법(KS Q 1003), 국가기술표준원, 14.12.24.
2. 랜덤 샘플링 및 랜덤화 절차(KS Q ISO 24513), 국가기술표준원, 12.8.22.

첫 대면보고

대한은 아침 일찍 출근하여 2 파트장에게 전선이 생산 완료된 후에 보관하는 창고로 데려가 달라고 하였다. 창고에는 엄청나게 많은 전선들이 일정한 크기로 둘둘 말려 상자에 담겨있었다. 2 파트장은 목에 힘을 주며 대한에게 랜덤 샘플링 검사의 부당함을 설명하기 시작했나.

"보라고. 이 많은 제품을 전부 다 땅에 내려놓고 랜덤 샘플링 하려면 아마 우리 충남사업장에서 충북사업장까지 보관창고가 필요할 거야. 그게 말이 되냐고... 책하고 현장하고는 달라, 오히려 우리처럼 상태가 안 좋은 제품들만 뽑아서 검사하는 게 더 효율적이고 합리적이지."

2 파트장의 목소리에는 힘이 실렸다. 비난의 대상을 언급하지는 않았지만 누군지 알 수 있을 것 같았다. 대한 혹은 대한을 심정적으

로 지지해주는 강 팀장을 의미하는 듯 했다.

"네. 제품이 무척 많네요."

대한이 2 파트장의 얘기에 동의를 표하자, 2 파트장은 신이 난 듯 얘기를 이어나갔다.

"우리가 전선을 만든 지가 40년이 넘었어. 그리고 군에서 사용자 불만 사항이 최근 10년간은 한 번도 나온 적이 없어. 그리고 대한 씨도 신입사원 교육 때 2공장 제조라인 봤지? 완전 자동화되어서 사람이 작업하는 건 거의 없어. 마지막 포장할 때와 제품 검사할 때만 극소수의 인력이 투입된다고. 요즘 같은 자동화 시대에 검사가 무슨 필요인지 모르겠단 말이야. 참 대한 씨도 도요타 7대 낭비 알지?"

"예. 3정 5S 7대 낭비, 이렇게 외우고 있습니다."

3정은 정품, 정위치, 정량, 5S는 정리, 정돈, 청소, 청결, 습관화, 7대 낭비는 과잉생산, 재고, 대기, 운반, 가공, 동작, 불량의 낭비를 의미한다. 이건 대학 시절 도요타 생산 시스템 전공 강의 시간의 기말고사 문제였다. 어떻게 보면 당연하지만, 산업현장에서 실천에 옮기려면 당연하지 않고 무척 어려운 것들이라고 배웠다. 아침을 먹는 게 건강에 좋다는 건 모두 알지만, 실천은 어려운 것처럼 말이다.

2 파트장은 말을 이어나갔다.

"난 7대 낭비에 하나를 더 추가해야 한다고 생각해."

"추가한다고요? 그게 뭡니까?"

"그건 바로 검사의 낭비지. 우리가 이렇게 잘 만들고 있고, 검사결과도 늘 완벽하게 나오는데, 굳이 인장강도, 파열강도 시험을 한다고 얼마나 많은 시간과 돈이 드는데. 자체시험하고 샘플 떠서 공인 기관 시험 보내고 하면 2주가 그냥 지나간다고. 2주가."

2 파트장의 말은 타당한 면이 있었다.

"네, 그렇네요. 어떻게 보면 처음부터 잘 만들면 굳이 검사할 필요가 없는 것 같아요."

"그렇지? 이 아이디어만 채택되면 사내 제안상은 떼 놓은 당상인데 말이지."

2 파트장은 기분이 좋아 보였다.

이윽고 대한이 사무실로 돌아와 컴퓨터를 켜니, 사내 메신저로 입사 동기들끼리 점심을 같이 먹자는 메시지가 와 있었다.

'다들 잘 적응하고 있으려나.'

차량을 소유한 생산기술파트 동기의 차를 얻어 타고 군수사령부 부근에 있는 대구탕 집으로 갔다. 유명한 집이라 그런지 12시가 안 되었는데도 불구하고 사람들이 붐비었다.

사람이 너무 많다보니 대한의 동기들은 번호표를 받고 밖에서 줄을 서서 기다렸다. 대한은 오가는 사람들과 차들을 아무 생각 없이 쳐다보았다. 그때 대한의 눈길을 끈 것이 있었다. 그건 바로 커다란 트럭에서 대구를 쉼 없이 식당 주방으로 실어 내리는 모습이었다. 대구는 상자마다 가득 차 있었다. 대한은 호기심이 일어 대구를 운반하는 분 옆으로 다가가 말을 걸었다.

"요즘 대구가 잘 잡히나요?"

"웬걸요. 예전만 못하네요. 요즘 물량이 부족해서 여러 업체에서 대구를 받다 보니 크기가 들쑥날쑥해요. 그렇다고 작은 대구를 손님들한테 내놓으면 손님들이 금방 알아채기 때문에 대구 상태를 확인하는 건 중요한 일이지요."

대한의 머리를 스쳐 간 것이 있었다.

"대구 크기 검사를 어떻게 하시나요? 한두 마리도 아니고,.."

상자를 나르시던 분은 별걸 다 묻는다는 표정으로 대답했다.

"당연히 다 검사할 수는 없죠. 저희는 몇 박스를 선택해서 해당 박스 속 대구들의 크기를 살펴봅니다. 만일 크기가 너무 작으면 모든 대구를 다시 돌려보내죠. 그런데 업체도 저희가 이런 식으로 검사하는 걸 알기 때문에 장난질은 안 해요. 하지만 저희가 이런 검사를 안 한다고 하면 금세 장난질 칠걸요."

대한은 강 팀장에게 보고할 자료를 만들기 시작했다. 자료의 구성은 랜덤 샘플링의 정의, 랜덤 샘플링의 5가지 분류 설명, 그림을 통한 5가지 샘플링 방법 설명, 마지막으로 현재 전선의 적재 상태에 대한 랜덤 샘플링 방법을 한 장에 요약하여 담고 있었다. KS 규격의 랜덤 샘플링 방법은 혹시 몰라 출력하여 보고 자료에 첨부하였다. 이는 안 교수의 조언이었다.

"회사에서의 보고 자료는 무조건 한 장이야. 나머지 자료는 다 붙임으로 첨부하는 게 좋아. 그리고 윗분들은 너의 고민을 대신 해주진 않아. 단, 네가 생각한 안에 대해 적절성을 봐주지. 따라서 윗분에게 보고할 때는 고민거리를 던지지 말고, 네가 한 고민 및 솔루션에 대한 적절성을 묻는다고 생각하고 자료를 작성하는 게 좋아."

그 날 오후 대한은 강 팀장에게 A4 한 장으로 작성한 보고 자료를 설명해 드리기 시작했다.

"랜덤 샘플링은 일반적으로 저희가 알고 있는 단순 샘플링 말고도 다른 방법들이 존재합니다……. 따라서 우리 회사 전선제품창고의 경우 계통 혹은 취락 샘플링을 사용하면 됩니다."

강 팀장은 보고 자료를 보면서 한참을 생각했다. 그리곤 짧게 말했다.

"수고했어. 얼굴 보니 잠을 잘 못 잤나 보네?"

대한은 순간 너무 고마워 울컥했다.

"아, 예, 모르는 부분이 많아서 자료를 찾다 보니 시간이 좀 걸렸습니다."

강 팀장은 책상 위에 놓여 있던 과일 음료를 하나 내밀면서 말했다.

"신입직원 처음 3개월 근무 모습이 앞으로 3년을 결정하고, 처음 3년의 근무 모습이 앞으로 30년 회사생활을 결정한다네. 요 며칠 동안 대한 군이 목적을 달성하기 위해 한 노력의 과정을 잊지 말고 앞으로도 열심히 해주길 바라네."

역시 대한의 대답은 정해져 있었다. 하지만 지금까지와는 뭔가 다른 느낌의 대답이었다.

"예, 알겠습니다."

그리고 강 팀장은 나지막한 목소리로 개인비서에게 전화했다.

"파트장들 잠깐 보자고 전해줘. 소회의실로. 지금 당장."

3정 5S 7대 낭비

표 31 3정에 대한 설명

분류	설명
정품	ㅇ규격에서 정한 원재료 및 부품을 구매 및 사용 ㅇ작업표준을 준수하여 제품 규격에 적합한 완제품을 생산
정위치	ㅇ사용하는 지그 및 치공구들을 정해진 위치에 놓음 ㅇ구입한 원재료 및 부품을 지정한 장소에 보관 ㅇ생산된 완제품은 지정된 장소에 보관
정량	ㅇ필요로 하는 수량만큼의 원재료 및 부품만 구입 및 보관 ㅇ정해진 수량만큼만 완제품을 생산

표 32 5S에 대한 설명

분류	설명
정리	ㅇ필요한 것과 불필요한 것을 구분하여 불필요한 물품은 처분 - 필요품 : 현재의 생산 활동에 사용하는 물품 - 불급품 : 사용빈도가 적거나 현재의 보관 장소에 있어서는 안 되는 물품 - 불용품 : 쓸모가 없어서 매각이나 폐기해야 하는 물품
정돈	ㅇ필요한 것을 필요한 때에 쓸 수 있는 상태로 유지함 - 필요한 물품을 사용빈도에 맞게 놓는 장소와 수량을 정하여 표시
청소	ㅇ먼지, 더러움, 이물질 등으로 공장이 더러워지지 않은 상태로 만들며, 청결한 환경에서 직원들이 기분 좋게 일할 수 있는 직장환경을 조성

	- 청소는 공장 설비 내 잘 보이지 않는 미결함(볼트/너트류 조임 상태, 오일/윤활유/작동유 등이 새는 곳, 녹이나 흠 등이 생긴 곳 등)을 오감을 통해 사전 발견하여 예방한다는 마음가짐으로 임함
청결	ㅇ청소한 곳을 더러움이 없는 상태로 유지 - 청결 상태가 되면 작은 문제(결함)가 발생되었을 시 한눈에 알 수 있음
습관화	ㅇ위 4가지사항(정리, 정돈, 청소, 청결)에 대해 작업표준을 작성하여 준수하며, 의식하지 않은 상태에서도 지킬 수 있도록 함

표 33 도요타 7대 낭비

분류	설명
과잉생산의 낭비	ㅇ불필요한 것을 불필요한 때에 불필요한 만큼 만드는 것 - 필요한 양보다 더 많이 만드는 양적 과잉생산 - 필요한 때보다 더 일찍 만드는 시간적 과잉생산
재고의 낭비	ㅇ원재료, 부품, 조립품, 완제품 등 물건이 정체하고 있는 상태 - 창고뿐만 아니라 공정중, 공정간 재공품도 재고에 해당
운반의 낭비	ㅇ운반은 부가가치의 창출과 무관하며 물건의 이동, 다시 쌓기, 먼 거리 운반 등이 이에 해당 - 한 작업 내에서 부품이나 도구를 잡거나, 가지고 오거나, 놓는 등의 행위가 모두 운반의 낭비에 해당
불량을 만드는 낭비	ㅇ불량품을 가공, 생산하여 수정하는 작업 - 원자재불량, 가공불량, 검사, 고객 클레임, 불량에 따른 재작업 등을 모두 포함
가공 그 자체의 낭비	ㅇ본래 불필요한 공정과 작업을 마치 필요한 것처럼 생각하는 것
동작의 낭비	ㅇ부가가치를 만들지 않는 사람의 동작이나 기계의 움직임
대기의 낭비	ㅇ재료, 작업, 운반, 검사 등의 모든 대기와 기계가 작동할 때 아무것도 하지 않고 감시하는 것 - 부하가 불균일하여 작업대기가 생기는 것도 포함

네가 뭘 안다고 설치는 거지?

2 파트장이 대한을 불러 소리치고 있었다. 그 소리는 너무 커서 소회의실 밖으로 새어나가고 있었다.

"대한 씨, 아이디어는 좋지만, 그게 실현 가능한지 충분히 검토를 해보고 팀장님한테 얘기해야 하는 거 아냐? 내가 대한 씨 데리고 제품 창고까지 가서 보여주었잖아. 그럼 나에게 먼저 얘기를 하고 팀장님한테 보고를 해야지. 바로 팀장님한테 보고하면 어떻게 하자는 거야? 나 일부러 물 먹이려고 한 거야, 뭐야?"

"그건……."

대한은 어떻게 대답해야 할지 몰랐다. 또한, 시선도 어디에 두어야 할지 몰랐다. 회의실에서 새어 나오는 소리에 놀란 1 파트장이 소회의실로 얼른 뛰어 들어왔다.

"2 파트장님, 진정하세요. 대한 군이 뭐 잘못한 거라도 있습니까?"

“김 파트장도 아까 상무님한테 같이 들어가서 알잖아?”

2 파트장의 목소리 톤이 점차 높아졌다.

대한은 조그마한 목소리로 대답했다.

“강 팀장님이 랜덤 샘플링이 가능한지 불가능한지 직접 보고하라고 하셔서…….”

“직접 팀장님한테 보고 할 게 있고, 보고 단계를 거쳐서 팀장님한테 보고할 게 있는지 몰라?”

그제야 상황을 파악한 1 파트장이 사태 수습에 나섰다.

“아이고, 형님, 신입이 뭘 압니까, 얘 이제 2주일, 그것도 출근하지 열흘밖에 안 됐어요. 그냥 팀장님이 직접 보고 하라니까 보고한 거겠죠. 얘가 무슨 형님한테 악감정이 있다고 그랬겠습니까?”

1 파트장이 2 파트장에게 설명하면서 뒤로는 손짓을 하면서 대한에게 작게 얘기했다.

“대한 씨, 팀장님한테 보고한 자료, 파트장들한테 메일로 공유시키고, 일단 자리로 돌아가.”

대한은 서둘러 조용히 소회의실에서 빠져나왔다.

대한은 자기 자리로 돌아가 서랍을 열어 담배 한 개비를 챙겨 옥상으로 올라갔다. 담배를 하나 꺼내 물고 라이터로 불을 붙였다.

‘직장인이 이래서 담배를 피우는구나.’

대한은 가슴 속 깊이 담배 연기를 들이마셨다가 내뱉었다. 뿜어져 나오는 연기 사이로 조금 전 일을 곱씹었다.

'내가 무엇을 잘못했지?'

대한은 도무지 이해가 되지 않았다. 강 팀장님이 시켜서 일을 한 것뿐인데, 왜 2 파트장 그것도 대한의 파트장도 아닌 2 파트장에게 얘기를 해야 했을까? 그리고 난 2 파트장에게 아무런 감정도 없는데 왜 자기한테 물 먹이려고 했다느니 등의 얘기를 했을까? 대한은 머리가 아파졌다.

'에이, 그냥 치고받을 걸 그랬나? 내가 만만해 보였나? 그래서 그런가?'

대한의 자문자답은 계속 이어졌다.

'다들 그렇게 바쁜데, 그런 유치한 감정놀이를, 그것도 파트장이라는 한 그룹의 리더가 그랬을까?'

이럴 때는 악마의 조합인 커피가 필요했다.

'담배에는 커피인데...'

너무 급하게 나오느라 커피를 가져올 생각을 못 했다.

'쩝, 내려가서 가져올까?'

그때 옥상으로 올라오는 계단에서 누군가의 모습이 보였다.

"대한 씨, 여기 있었네. 가는 곳이 뻔하구먼."

김 파트장이었다. 오른손에는 커피 2잔이 들려있었다. 파트장은 대한 곁으로 다가와 커피 한 잔을 내밀었다.

"아까 커피도 없이 나가길래 내가 한잔 타왔지."

파트장은 대한의 손에 들린 담배를 보고 말했다.

"어? 대한 군 담배 피우네? 나도 한 대 줄래?"

"파트장님이요? 파트장님도 담배 태우시나요?"

"담배 없이 직장생활 어떻게 하나."

파트장 역시 담배 한 모금을 깊게 들이마시고는, 맛있게 내뱉으면서 말을 이었다.

"나도 신입 때 여기 많이 올라왔어. 하도 혼이 나니까 나중에는 내가 욕먹고 월급 받는 거였구나라는 자괴감이 들더라고. 신입 때는 딱히 하는 일도 없으니. 지금도 기억나. 처음 일주일은 보안감사 나온다고 계속 밀린 보안일지 쓰고, 선배들 업무자료 모아서 마스크 쓴 상태로 종일 세절하고... 참 지금 우리 건물 화장실에 붙어있는 보안스티커 있잖아. 그거 우리 동기들이 다 셀프로 디자인하고 붙인 거야. 몰랐지?"

대한은 그제야 화장실에 붙어있던 촌스러운 문구의 보안스티커들을 떠올렸다.

"보안 제일, 안전 제이, 품질 제삼"

"업무를 실수한 직원은 용서할 수 있지만, 보안에 실수한 직원은 용서 없다."

"퇴근할 때 빈손으로 퇴근하는 당신이 아름답습니다."

대한은 피식 웃음이 나왔다.

"그 문구들 손발이 오그라들던데요? 화장실 갈 때마다 그것 때문에 신경 쓰여서 볼일이 잘 안 봐져요."

김 파트장도 씩 웃으며 대답했다.

"아, 그때 그거 만드느라고 얼마나 고생했는지. 연구소 가서 컬러 인쇄하고, 변기 크기 맞춰서 가위로 자르고, 붙이고. 여자 화장실에는 밤에 들어가서 몰래 보안 스티커 붙여 놓고 나오는데, 내가 마치 변태 같더라고."

"변태요? 하하, 그럴 만하네요. 밤에 여자 화장실에 몰래 무언가 들고 가셔서 몰래 나오셨으니."

김 파트장과 대한은 서로 바라보며 웃었다. 무언가 둘 사이의 거리가 가까워진 것 같았다.

"대한 씨, 일단 오늘 일은 지금의 대한 씨로는 이해할 수 있는 상황은 아니야. 그렇다고 내가 대한 씨한테 오늘 상황을 무조건 받아들이라고 하고 싶진 않아. 단지 내가 대한 씨한테 해주고 싶은 얘기는, 회사라는 건 사람들이 일하는 곳이고 사람마다 서로 조금씩 다르지. 생각도 다르고 말도 다르고 행동도 달라. 가끔은 내가 한 일이 아닌데 내가 혼나기도 하고, 내가 안 한 일인데 내가 칭찬받기도 해."

대한은 파트장이 하는 얘기를 정확히 이해하기가 힘들었다.

다만 파트장이 하는 얘기는 묘한 설득력이 있었다.

"오늘 일은 비싼 수업료를 냈다고 생각하고, 앞으로 사람들의 행동, 즉 현상만 보지 말고 그 현상이 일어난 원인을 파악해 보려고 하는 습관을 기르는 게 좋아. 오늘일로 마음 상해하면 그건 대한 씨 손해야."

"그런가요. 잘 이해는 안 됩니다만, 결국은 2 파트장님의 오늘 행동을 제가 이해하라는 말씀이신가요?”

김 파트장은 다시 말을 이었다.

“2 파트장님은 올해 진급 대상자야. 강 팀장님한테 좋은 모습을 보이기 위해 무척 노력하시지. 그리고 2 파트장님은 본인 업무에 대한 자부심이 굉장히 강하셔. 본인이 하는 업무 스타일이 제일 올바르다고 생각하시고 그 길로 파트원들을 끌고 가시지. 가끔은 그게 지나쳐서 문제가 되기도 하지만, 문제가 생기면 그에 따른 모든 책임도 본인이 지고 가는 스타일이야.”

대한은 오늘 직접 창고에 가서 자신에게 설명을 해주시던 2 파트장의 모습을 떠올리며 고개를 끄덕거렸다. 사실 파트장이 신입사원에게 직접 제품 설명을 해주는 모습은 조금 어색하다고 대한 본인도 느꼈다.

김 파트장은 대한의 어깨를 툭 치며 얘기했다.

“세상에 나쁜 사람은 없어. 나하고 다른 사람들이 있을 뿐. 오늘은 일찍 퇴근해서 술 한잔 하고 들어가. 그리곤 내일 출근할 때는 2 파트 먼저 들려서 2 파트장님한테 인사드리고. 그게 직장생활 오래 하는 길이야.”

이번에도 대한의 대답은 지금까지와 같았지만, 또 무언가 느낌이 달랐다.

“네, 알겠습니다.”

김 파트장은 때마침 걸려온 전화를 받으며 대한에게 먼저 내려가라고 손짓했다. 대한은 종이컵 남은 커피에 담배를 비벼 끄고는 사무실로 향했다.

저녁 10시경 대한이 맥주 전문점에서 민정과 간단히 맥주를 하고 있을 때 문자가 도착했다. 김 파트장이었다.

"참, 신입직원 입사 면접 전형 시 대한 군에게 가장 높은 점수를 준 사람이 2 파트장이야."

대한은 문자에서 눈을 뗄 수가 없었다.

'날? 2 파트장이 날 우리 회사에 적합한 사람으로 판단했다는 얘기인가?'

그런 대한을 보며 민정이 걱정스러운 얼굴로 물었다.

"회사에서 온 문자? 급한 일이라도 생겼어?"

대한은 얼른 스마트폰을 뒤집으며 대답했다.

"아냐. 그냥 입사 동기 안부 문자. 우리 딱 한 병만 더 먹고 들어가자."

대한이 맥주를 더 가지러 가려 일어서는데, 민정이 어느새 계산서를 들고 계산대로 향하고 있었다.

"두 병 마셨으면 충분해. 이제 들어가자. 오늘은 내가 살게."

대한은 뭔가 아쉬웠다.

"그럼 한 병만 더해서 나눠 마실래?"

하지만 민정은 계산대로 발길을 돌리며 말했다.

"늘 아쉬운 때가 좋은 거야."

검사특성곡선

샘플링검사는 로트내의 일부 아이템만을 추출하여 기 설정된 기준과 비교하여 검사를 하고, 검사 결과를 토대로 로트내 전체 아이템들에 대한 합부판정을 내리는 방식으로 필연적으로 좋은 품질(합격되어야 하는)의 로트가 불합격되고, 나쁜 품질(불합격되어야 하는)의 로트가 합격될 수 있는 두 가지 종류의 오류가 발생할 수 있다.

검사특성곡선(Operating Characteristic Curve, OC 곡선)이란 결정된 샘플링 검사방식(샘플수 및 합격판정개수)에 대해 가로축에는 로트의 해당 부적합품률을, 세로축에는 로트의 부적합품률에 대해 샘플링 검사방식을 적용 시 로트의 합격확률을 계산하여 표시한 그래프이다(x축은 부적합품율, y축은 로트합격확률).

이때 로트의 합격확률은 초기하분포, 이항분포, 포아송분포중에서 선택하여 계산할 수 있다. 초기하분포가 가장 정확히 계산할 수 있으나, 현실적으로 계산에 소모되는 컴퓨터 자원의 점유율이 높은 경우에는(이는 계산시간이 장시간 소요됨을 의미하며 , 계승(factorial)을 계산해야 하기 때문이다.) 이항분포를 적용한다. 이항분포 역시 계산시간이 길어질 경우에는 포아송 분포를 적용한다.

표 34 초기하, 이항, 포아송 분포별 로트의 합격확률 계산공식

	로트의 합격확률
초기하 분포	$\sum_{x=0}^{합격판정개수} \frac{{}_{로트크기\times불량률}C_x \times {}_{(로트크기-로트크기\times불량률)}C_{(샘플수-x)}}{{}_{1000}C_{20}}$
이항 분포	$\sum_{x=0}^{합격판정개수} {}_{샘플수}C_x \times 불량률^x \times (1-불량률)^{샘플수-x}$ ※로트크기가 샘플수보다 10배 이상 클시
포아송 분포	$\sum_{x=0}^{합격판정개수} \frac{e^{-(샘플수\times불량률)} \times (샘플수\times불량률)^x}{x!}$ ※로트크기가 샘플수보다 10배 이상 크며, 불량률이 0.1보다 작을시

예제를 통해 특정 불량률에 대해 초기화, 이항, 포아송 분포 각각에 대해 로트의 합격확률을 계산해 보자. 로트크기가 1000, 샘플수가 20, 합격판정개수가 2이며 불량률이 5%라고 할시, 해당 로트가 샘플링 검사를 통해 합격할 확률을 위 공식에 적용하여 구해보면 아래와 같다.

표 35 초기하, 이항, 포아송 분포별 로트의 합격확률

	로트의 합격확률	결과값
초기하분포	$\sum_{x=0}^{2} \frac{{}_{1000\times0.05}C_x \times {}_{(1000-1000\times0.05)}C_{(20-x)}}{{}_{1000}C_{20}}$	0.92
이항분포	$\sum_{x=0}^{2} {}_{20}C_x \times 0.05^x \times (1-0.05)^{20-x}$	0.92
포아송분포	$\sum_{x=0}^{2} \frac{e^{-20\times0.05} \times (20\times0.05)^x}{x!}$	0.92

위 표 35에서 보는 바와 같이, 어느 분포를 사용하는지와 관계없이 세 분포 모두 유사한 값이 나옴에 따라 일반적으로 계산이 간편한 이항분포를 많이 사용하는 편이다.

이제 우리는 검사특성곡선, 즉, 가로축에는 불량률을 세로축에는 이에 따른 로트합격확률을 그릴 수 있다. 로트크기와 샘플수는 동일하게 유지하면서 합격판정 개수의 변화에 따른 검사특성곡선을 그리면 아래와 같다.

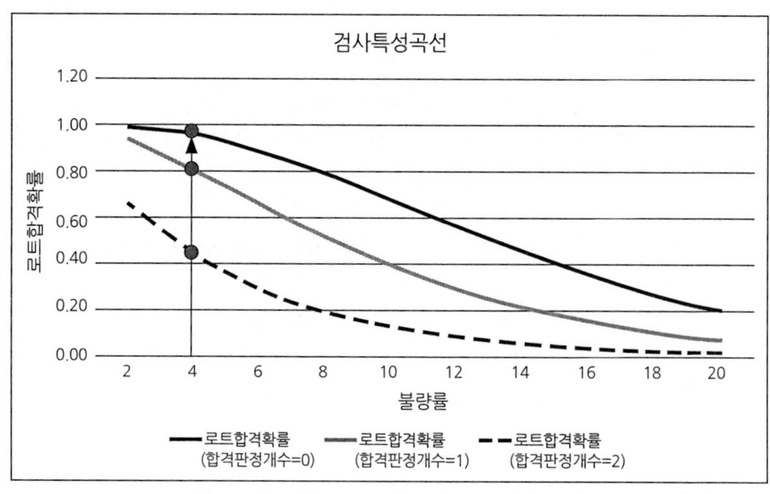

그림 21 합격판정개수의 변화에 따른 로트합격확률

즉, 불량률이 같아도 합격판정개수값이 클수록 로트의 합격확률은 높아진다는 것을 알 수 있다. 이는 상식적으로 판단해도 동일한 결과를 유추할 수 있다. 합격판정개수라는 것은 해당 합격판정개수와 같거나 적은 수의 불량품이 나오면 해당 로트를 합격으로 판정한다는 의미이므로, 같은 불량률에 대해 합격판정개수 값이 커질수록 로트의 합격확률은 높아진다.

반면, 불량률 및 합격판정개수는 동일하게 하고, 샘플개수의 변화에 따른 검사특성 곡선을 그리면 아래와 같다.

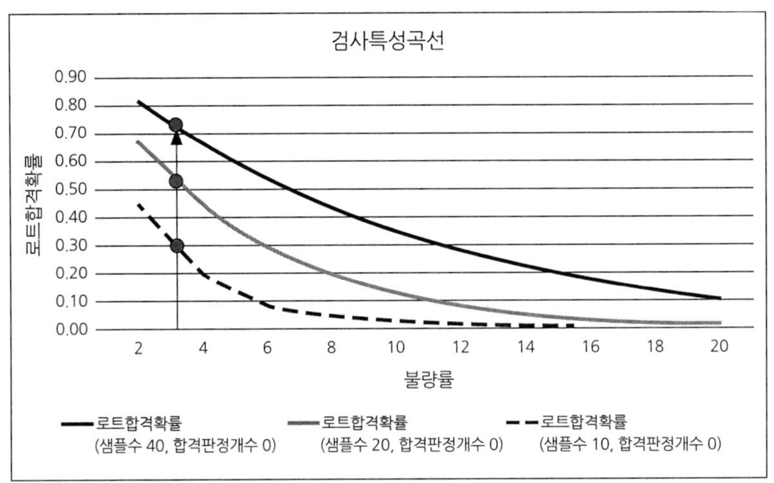

그림 22 샘플수 변화에 따른 로트합격확률

즉, 같은 불량률이어도 샘플개수가 적어질수록 로트의 합격확률은 낮아진다는 것을 알 수 있다. 따라서 제조업체 입장에서는 무조건 샘플수가 적어도, 즉 시료수 절감이 성공하여도 이는 로트 불합격이라는 좋지 않은 결과를 초래할 수 있음을 알 수 있다.

정부품질감사는 무서워

대한의 주머니에는 아침에 출근하면서 산 캔커피 두 개로 따뜻했다. LS25에서 산 600원짜리 캔커피가 아닌, 2500짜리 별다방 캔커피였다. 물론 통신사 할인이 적용되었지만, 지금까지 이렇게 비싼 캔커피를 사본 적은 처음이었다. 대한이 이렇게 비싼 캔커피를 산 이유는 2 파트장에게 수기 위함이있다. 이제 일도 그렇고, 무언가 자기가 먼저 2 파트장에게 다가가야 할 것 같았다.

대한은 사무실에 들어서면서 2 파트쪽 분위기를 슬쩍 살펴보았다. 늘 바쁜 2 파트지만(사실 대한의 1 파트도 대한을 제외하고는 모두 바쁘다!) 오늘은 특별히 더 바빠 보였다. 다들 두꺼운 규격서 및 도면을 검토하고, 출력하고, 현장부서에 전화하느라 마치 시장터에 온 느낌이었다.

대한은 2 파트원중 제일 막내이며 자신보다 2년 먼저 들어온 박 주임에게 슬쩍 말을 걸었다. 아무래도 같은 막내라(?) 그나마 조금 편하게 말을 걸 수 있는 상대였다. 게다가 지난번 회식 때 소주가 아닌 사이다를 따라준 대인배가 아닌가?

"박 주임님, 오늘 따라 2 파트가 무척 바빠 보이네요?"

박 주임은 대한을 힐끗 쳐다보며 '역시 신입이라 모르는구나' 라는 눈빛으로 답했다.

"아, 오늘이 국기원 제품감사 날인데, 제품검사 나오는 검사관이 엄청 깐깐하다고 하네. 가는 곳마다 시정조치 요구서 대량으로 발행한대. 대한 씨도 알다시피 우리 2 파트는 올해 진급 대상자가 많아서 고객한테 시정조치 요구서를 받으면 치명적이거든. 더욱이 얼마 전부터 고객한테 시정조치요구서를 받으면 바로 사업장장님한테 보고하게 되어 있거든."

"아, 그런가요?"

대한은 국기원 제품감사니 시정조치니 하는 용어가 낯설었지만, 시정조치요구서를 받으면 사업장장님한테 바로 보고해야 한다니……. 아무튼 잘해야 하는 혹은 잘못하게 되더라도 잘 넘겨야 하는 2 파트의 하루인 것 같았다. 대한은 멀리 2 파트장을 바라보았다. 그의 책상 앞에 높인 파티션은 다른 파티션보다 높아서 신발 뒷굽을 들어올려야 2 파트장이 무엇을 하고 있는지 보이는데, 2 파트장 역시 무척이나 바빠 보였다.

'쩝, 다음에 갈까.. 무척 바빠 보이시는데.'

그때 대한의 오른쪽 귓가에 민정의 환청이 들렸다.

'할까 말까 망설일 때는 하는 거야!'

'휴, 5년을 만나니 서로의 모든 생각, 말, 행동이 시뮬레이션이 되어서 서로 영향을 미치는구나. 그래 어차피 주려고 산 커피니 그냥 드리고 오자.'

대한은 숨을 크게 들이마시고는 2 파트장 책상으로 향했다.

"파트장님, 커피 사 왔습니다. 이거 드시고 하시죠."

2 파트장은 고개를 들어 대한을 쳐다보며 의외라는 듯한 표정을 지었다.

"어, 대한 씨, 어쩐 일로?"

대한은 멋쩍게 웃으며 말했다.

"아, 2 파트장님과 친하게 지내고 싶어서요."

2 파트장 역시 멋쩍게 웃으며 대답했다.

"아.. 그래. 고마워. 잘 마실게."

"네. 수고하십시오."

대한은 돌아서서 걸어나갔다. 2 파트장이 다급하게 나지막한 목소리로 얘기했다.

"어제는 내가 좀 심했어. 미안해. 조만간 술 한 잔 살게."

"네. 기대하겠습니다."

대한은 1 파트 본인 책상으로 돌아오는 발걸음이 한결 가벼워졌다. 오늘따라 컴퓨터 부팅시간도 빨라진 것 같다. 물론 그럴 리가 없겠지만.

대한은 회사의 업무규정 및 품질매뉴얼 등을 보면서 오전을 보냈다. 1 파트장은 내용을 이해하려고 하지 말고, 등장하는 용어들에 익숙해져 추후 필요한 부분이 있을 때 빨리 찾는 것을 목적으로 규정 및 매뉴얼들을 읽으라고 하였다. 하지만 그건 생각보다 쉽지 않았다. 읽다 보면 자꾸 딴생각도 나고, 무엇을 읽고 있는지 본인도 헛갈렸다. 마치 깊은 숲속에 혼자 길을 걸어가면서, 어디로 가는지도 모르겠고 출구도 모르지만, 그냥 걷는 느낌이었다.

기지개를 켜면서 얼핏 시계를 보니 벌써 12시가 다 되었다. 1파트원들과 같이 구내식당으로 향했다. 점심시간이 되었을 때 선배 팀원들에게 식사하러 가자는 얘기를 공지하는 것은 대한의 몫이었다.

팀원들과 함께 식당에 도착할 무렵 대한은 무언가 빠트린 듯한 느낌이 들었다.

'뭐지? 컴퓨터를 켜놓고 왔나?'

대한의 회사는 방위산업체다 보니 자리를 이동할 때는 늘 컴퓨터 화면을 잠가놓아야 했다.

'내 컴퓨터야 지금 깨끗한 상태인데, 누가 보면 어때.'

대한은 식판에 밥과 반찬을 배식받고 자리에 앉고 나서야 좀 전의 이상한 느낌의 이유를 알 수 있었다.

2 파트원들이 한 명도 없었다.

'어라? 이런 적은 한 번도 없었는데? 2 파트가 오늘 점심 회식이란 얘기는 없었는데? 에이 알아서들 드시겠지.'

점심은 어쩐 일로 테이블별로 수육과 상추가 놓여 있었다. 대한은 맛있게 식사를 한 후, 사내 운동장을 두 바퀴 돌아 소화를 시킨 다음 사무실로 돌아갔다.

이상하게 사무실 분위기가 냉랭했다. 대한이 무슨 일이 있나 두리번거리며 박 주임에게 다가가니, 박 주임이 사무실 끝 강 팀장 자리를 가리키며 손가락을 입에 가져갔다.

'옹? 무슨 일이지?'

대한은 귀를 쫑긋 세웠다.

강 팀장의 목소리가 커서 대화를 듣는데 어려움은 없었다.

"김 검사관님, 아시다시피 290밀리 로켓탄은 저희가 10년 동안 생산해서 아무 하자도 없었던 제품입니다. 그리고 우리 회사는 검사관님도 아시다시피 방산분야 업계 선두 업체인데, 그깟 샘플수 몇 개 아껴서 무슨 이득을 보려 했겠습니까? 오히려 그런 일이 생기면 회사 이미지만 나빠지지요."

강 팀장의 목소리가 조금 자신감이 없었다. 옆에는 2 파트장이 있는 듯했다.

"검사관님, 샘플수가 국방규격의 요구조건과 일치하는 않는 것은 단순 사무 착오입니다. 그리고 지금까지 저희가 그렇게 샘플수를 선택하고 검사를 하면 기존의 다른 검사관님들도 다 승낙하시고 시험에 참관하셔서 저희는 그게 맞는지 알고 진행했던 겁니다. 요번 기회에 잘못된 부분을 알았으니까 다음부터는 수정해 놓도록 하겠습니다."

도대체 검사관이란 사람이 누군지 얼굴이 궁금했지만, 파티션에 가려 안보였다. 잘은 모르겠지만, 우리 회사의 갑이라는 것은 대한도 알 수 있었다. 그 하늘 같은 강 팀장과 2 파트장이 애원하고 있는 상황이지 않은가.

'흠……. 강 팀장님이 을이면, 난 뭐지?'

검사관이란 사람의 얘기는 이어졌다.

"일단, 강 팀장님과 2 파트장님 말씀은 알겠습니다만, 지금까지 제품에 문제가 없었다고 해서 앞으로 문제가 없으리란 보장은 없습니다. 그리고 기존 검사관들이 샘플수를 잘못 적용한 것은 분명 우리 회사의 부끄러운 업무처리 관행이었습니다. 그러니까 지금부터라도 올바르게 고쳐야지요. 이 부분은 두 분 다 동의하시죠?"

하지만 2 파트장의 항변은 계속되었다.

"검사관님, 국방규격의 요구사항대로 샘플을 채취하면 생산된 제품의 1/5, 즉 20%의 물량에 대해 파괴시험을 수행해야 합니다. 또한 요구하는 이화학 시험항목이 워낙 많아 시험비용을 생각하면 제품을 생산하는 제조 단가보다 시험비용이 더 많이 소요될 수도 있습니다. 국방규격이 잘못되었는데, 그걸 그대로 준용하여 적용할 수는 없지 않습니까?"

하지만, 검사관이란 사람은 마음을 정한 듯했다.

"네, 저도 국방규격에 따라 샘플수를 계산해 보니, 샘플수가 너무 많이 나오더군요. 그렇다면 국방규격을 고쳐놓으셨어야지요."

"하지만 검사관님도 아시다시피 국방규격을 수정하는 것은 늘 시간이 오래 걸리고, 납기는 항상 촉박해서…….”

“그거야 회사 영업부서에서 계약 시에 생산기간 및 전력화 일정을 고려해서 그렇게 계약하신 거잖습니까? 계약 시에는 품보부서와 협의 후에 납품일정 정하는 것으로 알고 있는데요? 또한, 파트장님 말씀대로라면 틀린 국방규격을 내버려 두고, 준수하지 않는 상황을 계속 유지하자는 말씀이십니까?”

검사관이 목소리 톤이 조금 올라갔다.

“그건…….”

2 파트장이 당황해하자 강 팀장이 상황을 정리했다.

“2 파트장, 이렇게 하자. 검사관님 이건 확실히 저희의 불찰입니다. 제가 책임지고, 다음 계약하기 전까지 국방규격을 현실에 맞게 수정해 놓겠습니다. 다만 요번 생산 물량은 납기가 워낙 촉박해서 저희가 시정요구를 받고 후속처리를 하고 납품을 하면 저희도 손해지만, 군도 전력화 일정에 차질이 생깁니다. 일단 이번에는 납품을 하고, 바로 추가생산을 해서 국방규격에서 요구하는 샘플수만큼 시험을 하겠습니다.

요번 납품 제품에 조금이라도 하자가 생기면 제가 모든 책임을 지고 납품시킨 제품을 회수하겠다는 확인서를 써 드릴 테니, 요번에는 제가 제안한 대로 처리하시는 게 어떻겠습니까?”

아무래도 대한의 회사가 국방규격에서 요구하는 샘플수보다 적게 시험을 하여 문제가 된 듯했다.

‘뭐야, 샘플링 검사 관련된 얘기잖아?’

"저는 다른 회사 제품감사 일정이 있어 먼저 일어나겠습니다."

검사관이란 사람이 자리를 일어나면서 얘기하는 바람에 어떤 얼굴을 가진 사람인지 그제야 알게 되었다. 30대 초반의 앳된 얼굴이었다. 흰 피부에 안경을 착용하고 몹시 마른 체형이어서 약간 연약한 느낌을 주는 사람이었다. 하지만 그의 마지막 말은 찬바람이 쌩쌩 불었다.

"시정조치요구서 보내겠습니다. 답변기한은 1주일로 하시죠. 원인분석, 시정조치, 수평전개 및 재발방지방안 수립 시까지 납품은 절대 불가합니다."

"검사관님!!"

"수고하셨습니다. 다음에 뵙겠습니다."

검사관이란 사람은 훌쩍 자리를 떴다.

품질보증파트 사무실에는 정적이 흘렀다. 누구든 이 분위기를 깨는 사람은 욕을 먹으리라. 그때 마침 누군가의 전화벨 소리가 울렸다.

'도대체 이 분위기에서 상황파악도 못 하고 누구야!'

말은 못했지만, 팀원 모두 같은 생각을 했을 것이다.

하지만 그 벨소리의 주인공은 바로 대한의 스마트폰이었다.

'My god!'

대한이 허둥지둥 주머니의 스마트폰을 꺼내 닫기 버튼을 눌렀다.

그때 강 팀장이 대한을 호출했다.

"대한 씨, 잠깐 이리로 오지."

"넵!"

대한은 업무일지를 들고 강 팀장의 테이블로 향했다. 2 파트장은 머리를 쥐어 싸매고 여전히 괴로운 표정으로 앉아 있었다.

강 팀장은 대한에게 2파트장 옆으로 앉으라고 손짓하고는 이야기를 이어나갔다.

"대한 군, 얘기를 대충 들었겠지만, 우리가 국방규격의 샘플링 검사를 적용하면서 해석에 실수를 범하여 국방규격에서 요구하는 수량보다 적은 수량을 시험했다네. 아무래도 샘플링 검사 관련 지식이 부족하다 보니 이런 문제가 생긴 거 같아. 이제 국과기술연구원에서 시정조치요구서가 날라올 텐데 그 답변서를 대한 군이 2 파트장과 같이 작성하지. 최대한 빨리, 그리고 정확하게 작성해야 해. 아무래도 대한 군이 샘플링 검사를 공부했으니 답변서 작성하는 데 도움이 될 거 같아."

강 팀장은 2 파트장에게 고개를 돌리며 물었다.

"290밀리 로켓탄 납품일이 언제지?"

2 파트장은 고개를 들지 못한 채 대답했다.

"5일 뒤입니다. 정말 죄송합니다. 팀장님. 사업장장님한테는 제가 보고하겠습니다."

"2 파트장 괜찮아. 내가 당신이었어도 똑같았을 거야. 중요한 건 원인분석과 후속 조치니까, 그거를 잘하자고. 이미 지나간 거야 할 수 없지 않나? 앞으로 우리 후배들은 이런 일을 겪지 않도록 이번에 샘플링 검사 관련 품질 절차서와 지침서 개정을 완벽하게 해 놓자고. 오케이, 이제 각자 자기 위치로 돌아가서 마무리하자."

강 팀장은 비서 아가씨에게 말했다.

"윤주 씨, 사업장장님한테 긴급보고 드릴 것 있다고 하고 5시에 스케줄 좀 잡아놔. 2 파트장은 4시까지 금일 상황 간단하게 한 장으로 정리해서 가져오고."

2 파트장의 얼굴이 심하게 일그러졌다.

"팀장님 제가 보고 들어가겠습니다. 지금 한창 민감한 시기인데…."

강 팀장이 웃으며 말했다.

"이 사람아 나야 이미 임원 진급했잖아. 어차피 난 계약직이라고. 임시직원의 약자가 임원인 거 모르나. 자네야말로 진급 얼마 앞두고 괜히 혼날 거리 만들지 말게나. 이번 일은 내가 책임질 테니까 걱정하지말고 후속처리나 잘해."

"네, 죄송합니다."

2 파트장은 울 것 같은 표정으로 답했다. 2 파트장이 저런 표정을 지을 수 있는 사람인지는 처음 알았다.

"자, 우리 일하자."

강 팀장은 자신의 책상으로 의자를 돌렸고, 2 파트장과 대한은 자리에서 일어났다.

"대한 씨, 내가 일단 요점만 설명할게. 내용은 사실 간단해."

"네."

대한은 2 파트장이 하는 얘기를 하나라도 놓칠까 봐 얼른 펜을 들었다.

“우리 회사는 290밀리 로켓탄에 들어가는 기폭장치는 제품 생산 완료 이후 KS Q ISO 2859-1 계수형 샘플링 검사법에 의해 중결점인 인장강도(시편이 파손 시까지 최대 인장 하중을 시험 전 시편의 단면적으로 나눈 값이며, 재료의 강도 기준을 나타내는 척도의 하나)에 대해 시험을 하게 되어있지. 인장강도의 경우 시험을 하고 나면 시료가 파손되는 파괴시험인데, 국방규격에 따르면 검사수준은 G-I, AQL은 0.1%를 적용하게 되어 있어. 요번 계약물량은 30,000개여서 31,000개를 한 로트로 잡고 생산했지.”

표 2859-1 계수형 샘플링 검사표에 따른 시료문자 구하는 법

로트 크기			특별 검사수준				일반 검사수준		
			S-1	S-2	S-3	S-4	I	II	III
2	~	8	A	A	A	A	A	A	B
9	~	15	A	A	A	A	A	B	C
16	~	25	A	A	B	B	B	C	D
26	~	50	A	B	B	C	C	D	E
51	~	90	B	B	C	C	C	E	F
91	~	150	B	B	C	D	D	F	G
151	~	280	B	C	D	E	E	G	H
281	~	500	B	C	D	E	F	H	J
501	~	500	C	C	E	F	G	J	K
1,201	~	3,200	C	D	E	G	H	K	L
3,201	~	10,000	C	D	F	G	J	L	M
10,001	~	35,000	C	D	E	H	K	M	N
35,001	~	150,000	D	E	G	J	L	N	P
150,001	~	500,000	D	E	G	J	M	P	Q
500,001	~	이상	D	E	H	K	N	Q	R

표 37 보통 검사의 1회 샘플링 검사 방식(주 샘플링표)

시료 글자	시료 크기	합격품질한계(AQL) (보통 검사)															
		0.010	0.015	0.025	0.040	0.065	0.10	0.15	0.25	0.40	0.65	1.0	1.5	2.5	4.0	6.5	10
		Ac Re	Ac Re	Ac Re	Ac Re	Ac Re	Ac Re	Ac Re	Ac Re	Ac Re	Ac Re	Ac Re	Ac Re	Ac Re	Ac Re	Ac Re	Ac Re
A	2	↓	↓	↓	↓	↓	↓	↓	↓	↓	↓	↓	↓	↓	↓	0 1	↓
B	3	↓	↓	↓	↓	↓	↓	↓	↓	↓	↓	↓	↓	↓	0 1	↑	↓
C	5	↓	↓	↓	↓	↓	↓	↓	↓	↓	↓	↓	↓	0 1	↑	↓	1 2
D	8	↓	↓	↓	↓	↓	↓	↓	↓	↓	↓	↓	0 1	↑	↓	1 2	2 3
E	13	↓	↓	↓	↓	↓	↓	↓	↓	↓	↓	0 1	↑	↓	1 2	2 3	3 4
F	20	↓	↓	↓	↓	↓	↓	↓	↓	↓	0 1	↑	↓	1 2	2 3	3 4	5 6
G	32	↓	↓	↓	↓	↓	↓	↓	↓	0 1	↑	↓	1 2	2 3	3 4	5 6	7 8
H	50	↓	↓	↓	↓	↓	↓	↓	0 1	↑	↓	1 2	2 3	3 4	5 6	7 8	10 11
J	80	↓	↓	↓	↓	↓	↓	0 1	↑	↓	1 2	2 3	3 4	5 6	7 8	10 11	14 15
K	125	↓	↓	↓	↓	↓	0 1	↑	↓	1 2	2 3	3 4	5 6	7 8	10 11	14 15	21 22
L	200	↓	↓	↓	↓	0 1	↑	↓	1 2	2 3	3 4	5 6	7 8	10 11	14 15	21 22	↑
M	315	↓	↓	↓	0 1	↑	↓	1 2	2 3	3 4	5 6	7 8	10 11	14 15	21 22	↑	↑
N	500	↓	↓	0 1	↑	↓	1 2	2 3	3 4	5 6	7 8	10 11	14 15	21 22	↑	↑	↑
P	800	↓	0 1	↑	↓	1 2	2 3	3 4	5 6	7 8	10 11	14 15	21 22	↑	↑	↑	↑
Q	1,250	0 1	↑	↓	1 2	2 3	3 4	5 6	7 8	10 11	14 15	21 22	↑	↑	↑	↑	↑
R	2,000	↑	↑	1 2	2 3	3 4	5 6	7 8	10 11	14 15	21 22	↑	↑	↑	↑	↑	↑

비고 1. ↓ : 화살표 아래의 최초의 샘플링 방식을 사용한다. 만약, 샘플 크기가 로트 크기 이상이면 전수 검사를 실시한다.
2. ↑ : 화살표 위의 최초의 샘플링 방식을 사용한다.
3. Ac : 합격판정 개수
4. Re : 불합격판정 개수

"그러면 샘플을 125개를 선택해서 인장검사를 해야 해. 합격판정 개수는 0개, 즉 부적합품이 1개라도 나오면 해당 로트는 부적합 처리되지. 그런데 이유는 모르겠지만 몇 년 전부터 시료를 50개만 골라서 시험을 해왔단 말이야……. 이상도 하지. 이렇게 이유 없이 샘플수를 바꿔서 시험할 리가 없는데……."

"아무튼 이것도 OJT 일부라고 생각하고 시정조치 요구서에 대한 답변서를 같이 작성해 보자고. 좋은 아이디어 있으면 얘기해 주고. 일단 우리 회사 차원에서는 최대한 납품일정을 준수하는 게 목표야. 여기 기폭장치 국방 규격서와 KS Q ISO 2859-1 샘플링 검사 규격서를 줄 테니 이것부터 보고 있지."

"예, 알겠습니다."

2 파트장은 업무일지를 들고 서둘러 290밀리 로켓탄 제조 라인으로 향했고, 대한은 2 파트장이 준 규격서들을 들고 자신의 자리로 돌아와 정독하기 시작했다. 대한의 책상에는 읽어야 할 규격서들이 점차 그 높이를 더해가고 있었다.

'어휴, 이걸 언제 다 보나.'

회사에서 처리해야 하는 업무 주머니는 늘어나기는 쉽게 늘어나지만, 좀처럼 줄어들지는 않는 고약한 요술 주머니 같다는 생각을 했다.

KS Q ISO 2859-1 계수형 샘플링검사 절차 — 제1부: 로트별 합격 품질한계(AQL) 지표형 샘플링검사 방식

KS Q ISO 2859-1(이하 2859-1) 샘플링 검사방식은 연속적으로 생산되는 로트에 대해 적용되는 계수형 샘플링 검사방식이다. 2859-1은 검사를 위해 특별한 사전지식을 요구하지 않고 쉽게 사용할 수 있으며, 로트의 분포에 대한 가정이 없어도 된다(계량형 샘플링 검사의 경우 로트의 품질 특성치에 대해 정규 분포를 가정한다. 즉 로트의 품질 특성치 분포가 정규분포가 아닐 경우에는 계량형 샘플링 검사를 적용할 수 없다)는 장점이 있지만, 상대적으로 시료수가 많이 필요하다(그에 따른 시간 및 비용 역시 많이 소요된다)는 단점이 존재한다.

2859-1을 적용하기 위한 절차와 국방규격에 따른 예제를 표로 나타내면 아래와 같다.

단계	설명	적용사례
1. 품질특성치 구분	ㅇ품질특성에 대해 등급 A(치명결점), 등급 B(중결점), 등급 C(경결점)로 구분	ㅇ인장강도는 등급B로 국방규격에 명기됨
2. 로트를 구성	ㅇ로트크기는 최소 2 이상이며, 총 15 구간으로 나눠짐	ㅇ제조업체는 로트크기를 30,000으로 구성
	ㅇ총 7수준(특별검사수준 S-1, S-2, S-3, S-4 4종류와 보통검사수준 I, II, III 3종류)중 택일	

3. 검사수준 결정	- 비파괴시험, 관능검사, 시험에 단시간소요되는 경우는 일반검사수준 II를 기본값 선택 ※ 요구되는 판별력 수준에 따라 I 혹은 III 선택가능 - 파괴시험, 이화학시험, 시험에 장시간(고비용) 소요되는 경우는 특별검사수준 S-3을 기본값으로 선택 ※ 요구되는 판별력 수준에 따라 1, 2, 4 중 선택가능	ㅇ검사수준은 보통검사수준 I으로 국방규격에 명기됨
4. 합격품질한계(AQL, %) 결정	ㅇ총 16종류(0.01, 0.015, 0.025, 0.04, 0.065, 0.1, 0.15, 0.25, 0.4, 0.65, 1.0, 1.5, 2.5, 4.0, 6.5, 10.0) 중 택일 - 치명결점은 0.4%, 중결점은 1.0%, 경결점은 6.5%가 기본값임	ㅇAQL은 0.1%로 국방규격에 명기됨
5. 검사 엄격도 결정	ㅇ수월한 검사, 보통 검사, 까다로운 검사중 택일 - 기본값은 보통 검사로 적용	ㅇ국방규격에는 별도의 명기사항 없음 -보통검사 적용
6. 샘플링 횟수 결정	ㅇ1회, 2회, 다회중 택일 - 기본값은 1회로 적용	ㅇ국방규격에는 별도의 명기사항 없음 - 1회 샘플링 검사 신덱
7. 샘플링 검사방식 결정	ㅇ샘플수 및 합격판정개수(Ac/Re) ㅇ샘플수가 로트크기보다 크면 전수검사 ㅇ샘플을 검사하여 Ac값 이하로 부적합품이 검출시 해당 로트는 합격처리하며, Re값 이상의 부적합품이 검출시 해당 로트는 불합격 처리 ㅇ1회 샘플링 검사에서는 Re=Ac+1의 관계가 늘 성립	ㅇ샘플수 : 125 ㅇ합격판정개수 : 0/1

정규분포 이야기

▶ 정규분포

연속적인 데이터들의 분포상태를 나타내는 분포중 하나이며, 수집된 자료의 분포를 정확히 모를 경우, 해당분포를 근사하는데 자주 사용한다. 정규분포는 2개의 인자, 즉 평균과 표준편차에 의해 그 모양이 결정된다.

평균과 표준편차 값의 변화에 따른 분포의 모양을 그려보면 그림 28과 같다.

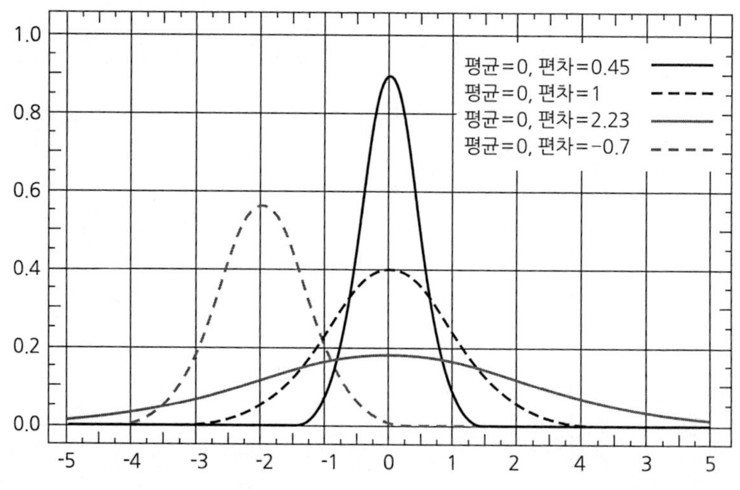

그림 28 평균과 표준편차 값의 변화에 따른 분포의 모양

편차가 적을수록 데이터들은 평균 중심에 분포하며, 편차가 클수록 데이터들은 평균 중심에서 멀리 분포한다.

일반적으로 자연 상태의 데이터들은 양 극단에 존재하는 데이터는 그 수가 적은 반면, 중간에 존재하는 데이터들은 그 수가 많으며, 중심(평균값)을 기준으로 좌우 대칭인 형태가 나타난다(흔히 뒤집은 종모양이라고 부른다). 이는 우리가 앞에서 살펴본 수학능력시험의 수학영역 등급별 비율의 분포 그래프에서도 그 모양을 볼 수 있다.

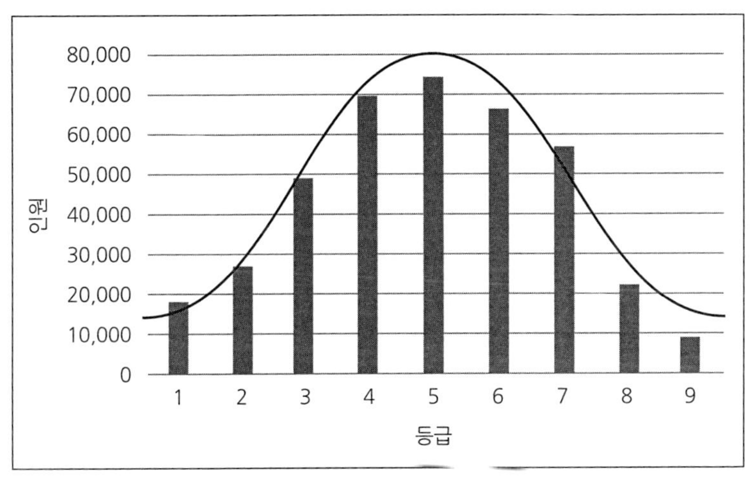

그림 29 수학영역 A형 등급별 비율의 분포표

1) 제19조(시정조치)

① 품보원은 품질보증활동 과정 중 발견되는 불합리한 사항 및 규정위반 사항 또는 계약조건에 위배되는 사항 등에 대하여 계약업체에 품질보증활동관리시스템을 이용하여 시정조치를 요구하며, 시정조치 결과는 품질보증활동관리시스템에 기록 유지한다.

② 품보원의 시정조치 요구는 문서로 하는 것을 원칙으로 하나 간단한 사항은 구두로 요구할 수 있으며, 품보원은 업체의 시정조치 내용을 검토하여 후속조치 한다.

③ 계약업체는 품보원으로부터 요구된 시정조치 사항에 대해서 성실히 이행하여야 하며, 시정조치는 재발방지대책을 포함한 조치내용을 서면으로 제출하여야 한다. 만약 요구된 시정조치 사항이 불합리 하다고 판단되면, 사유를 명시하여 서면으로 이의를 제기할 수 있다.

10. 개선

10.1 일반사항

10.2 부적합 및 시정조치

10.2.1 불만족에서 야기된 모든 것을 포함하여 부적합이 발생하였을 때, 조직은 다음 사항을 실행하여야 한다.

a) 부적합에 대처하여야 하며 해당되는 경우, 다음 사항이 포함되어야 한다.

1)부적합을 관리하고 시정하기 위한 조치를 취함

2)결과를 처리함

b) 부적합이 재발하거나 다른 곳에서 발생하지 않게 하기 위해서, 부적합의 원인을 제거하기 위한 조치의 필요성을 다음 사항에 의하여 평가하여야 한다.

1)부적합의 검토와 분석

2)부적합 원인의 결정

3)유사한 부적합의 존재 여부 또는 잠재적인 발생여부 결정

c) 필요한 모든 조치의 실행

d) 취해진 모든 시정조치의 효과성 검토

e) 필요한 경우, 기획시 결정된 리스크와 기회의 갱신

f) 필요한 경우, 품질경영시스템의 변경

시정조치는 직면한 부적합의 영향에 적절하여야 한다.

10.2.2 조직은 다음 사항의 증거로, 문서화된 정보를 보유하여야 한다.

a) 부적합의 성질 및 취해진 모든 후속조치

b) 모든 시정조치의 결과

〈참조문헌〉

1. 군수품 품질경영 기본규정, 국방기술품질원, 15.10.16.
2. 품질경영시스템 요구서(KS Q ISO 9001), 산업표준심의회, 15.12.29.

문제의 근본원인을 찾아가자

〈시정조치 요구서〉

발행번호	:	국기원-대전-2016-03-0075		
수 신	:	대한 충남사업장장		
계약번호 (계약일)	:	201605112343 (2016.02.05.)	계약품명	290밀리 로켓탄
제 목	:	구성품 감사의뢰에 대한 시정요구	시정조치방법	3

1. 관련근거
   가. 2016-51-1-2343(2015.02.05.) 290미리 로켓탄
   나. 한국화학-품보-201603045(15.3.5) 구성품 감시의뢰
   다. KDS 6135-8009-2(15.02.03) 290미리 로켓탄
   라. 군수품 품질경영 기본규정(15.10.16) 제 19조(시정조치)
2. 위 근거 '나'에 의거하여 290밀리 로켓탄의 구성품인 기폭장치에 대한 제품감사를 수행한 결과, 위 근거 '다'의 국방규격에서 요구하는 시료수와 귀사에서 검사를 수행한 시료수가 상이한 점을 발견하여 시정조치를 요구하오니 원인분석, 시정조치, 시정조치 결과의 유효성, 수평전개 및 재발방지 방안을 수립하여 7 근무일 이내에 제출하여 주시기 바랍니다. 끝.

회사 내 인트라넷 품질보증팀 문서 접수함에는 굵은 색 글씨로 구성품 감사의뢰에 대한 시정조치를 요구하는 문서가 이틀째 미접수 상태를 유지하고 있었다. 일반적으로 모든 문서는 반나절 이내로 접수된다는 점을 감안하면 매우 드문 일이었다. 생산량, 납기일, 전력화 일정 등의 문제가 서로 연계되어 회사 측도 쉽게 처리방안을 결정하지 못해 문서 접수를 차일피일 미루고 있는 것 같았다.

대한은 2 파트장이 준 국방규격과 샘플링 검사규격을 열심히 들여다보고 있었다. 하지만, 몇 시간째 한 가지 의문이 대한의 머리를 맴돌았다.

'이상하네, 샘플링 검사규격 2859-1에 따르면 샘플링 검사를 위해서는 로트크기, 검사수준, 합격품질한계(AQL), 검사 엄격도, 샘플링 횟수, 이 다섯 가지 정보가 필요하단 말이야. 로트크기는 제조 시에 결정되는 것이니 나머지 4가지 정보가 국방규격에 명시되어 있어야 하는데?'

하지만 국방규격에는 검사수준과 합격품질한계(AQL) 정보는 나와 있지만, 검사 엄격도 및 샘플링 횟수에 관련된 정보는 나와 있지 않았다.

'음, 뭐지? 원래 검사 엄격도와 샘플링 횟수는 국방규격에 명기하는 게 아닌가? 다른 규격서에서는 검사엄격도 및 샘플링 횟수에 관해 언급되어 있는지 확인해 볼까? 아냐. 혹시 규격을 어떻게 작성하라고 얘기하는 지침에서 국방규격에 명기되지 않은 내용을 어떻게

하라는 지침이 있을지도 몰라.'

대한은 혹시 국방규격의 상위 지침에 관련 내용이 있을 거라고 생각하고 과학사업청 지침을 살펴보았다. 요즘에는 스마트폰에 국가법령정보 앱을 설치하면 모든 규격 및 지침을 간편하게 확인해 볼 수 있다.

과학사업청 지침 중 샘플링 검사 관련 내용은 아래와 같았다.

D.4.4장 검사와 시험 및 품질보증

4장에는 제품, 재료, 공정 또는 성능이 규격서 3장의 필요조건과 일치하는가를 확인하기 위하여 행해지는 모든 품질보증 및 검사 활동을 기술한다.

검사와 시험에는 일반적으로 (1) 최초생산품 검사, (2) 품질적합성 검사, (3) 확인 검사로 나눌 수 있으며, 검사와 시험에 따르는 결점의 분류는 KS A ISO 2859에 따라 치명결점, 중결점, 경결점 등으로 분류하고 각각의 결점에 대하여 합격품질수준(AQL)을 결정하여야 한다.

'음, 과학사업청 지침이 몇 년간 개정이 안 되어서 예전 용어들이 그대로 실려 있네. 나중에 얘기해서 수정해야겠다.'

표 41 청 지침중 수정이 필요한 사항

	~을	~으로
1	치명결점	등급 A
2	중결점	등급 B
3	경결점	등급 C
4	KS A ISO 2859	KS Q ISO 2859-1
5	합격품질수준	합격품질한계

하지만 국방규격을 만들기 위해 준수해야 하는 지침인 과학사업청 '국방규격의 서식 및 작성에 관한 지침' 어디에도 샘플링 검사를 위해 필요한 빠진 정보(검사 엄격도 및 샘플링 횟수 등)에 대한 언급은 없었다.

'이상하네. 어디에도 그런 얘기는 나와 있지 않네. 그럼 290밀리 로켓탄만 샘플링 정보가 빠진 건가? 다른 분야 규격들은 어떻게 작성되어 있는지 찾아보자.'

과학사업청에는 기동화력계약팀, 신특수유도무기계약팀, 함정계약팀, 항공기계약팀, 지휘통제감시정찰계약팀, 일반장비계약팀, 통신장비계약팀, 급식유류계약팀, 물자계약팀 등이 다양한 계약부서에서 다양한 국방규격을 가지고 군수품에 대한 계약을 체결하고 있다.

대한은 무심히 오늘 아침에 어머니가 오뎅국을 해 주신 것을 기억하고, 군대에 들어가는 생선묵의 구매요구서를 검색해 보았다.

'생선묵은 무엇을 검사할까? 생선묵은 검사하고 나면 못 먹겠지? 그럼 이화학검사를 하고 파괴검사에 속하나?'

의외로 생선묵에 대한 국방규격의 요구사항은 까다로웠다.

3. **품질기준**

가. 재료비율(%)

소금, 야채, 대두단백, 식용유 등 기타 재료는 품목제조보고서에 명시된 업체 고유의 배합비율에 따른다.

(1) 1형(튀긴 생선묵)

성상	· 색택,형태,향미 및 식감이 양호하며 협잡물이 거의 없고 이미, 이취가 없어야 한다. · 야채를 넣은 것은 야채 모양, 배합상태가 양호하여야 한다.					
이물	식품공전 이물 규격에 적합 하여야 한다.					
수분 (%)	조단백질 (%)	전분 (%)	회분 (%)	산가	과산화물가 (meq/kg)	대장균군

나. 품질검사 시험방법은 적용규격 및 식품공전에 의하며 포장해체 등 파괴검사용 시료크기는 KS Q ISO 2859-1, 특별검사 S-1을 적용하되 검사관이 조정할 수 있다(산가, 과산화물가 시험은 KS H 6017에 의한다)

'뭐야, 식품류는 아예 합격품질한계(AQL)값이 없네? 그럼 어떻게 시료를 채취한다는 거지? 검사관이 검사하고 싶은 만큼 검사하는 건가?'

대한의 궁금증은 더해갔다.

대한은 국방규격공개 사이트에서 임의의 규격 파일을 찾아 열어 보았다. 전기 및 전자기기 등에서 사용하는 스위치(토글식)로 4장의 검사와 시험 및 품질보증 내용은 아래와 같다.

4. 검사와 시험 및 품질보증

4.2.1.1 검사방법은 KS A 3109(계수조정형 샘플링 검사)로 한다.

4.2.1.2 계약중인 품목과 동일한 제품에 대해 생산납품실적 또는 3.3항(제조 및 가공)에 의한 시중품으로써 품질보증상 문제가 없는 경우 검사관은 일반시험 검사를 제외한 시험검사에 대하여 항목을 조정하거나 생략할 수 있다.

4.2.2 검사수준

(1) 일반시험용 시료 : 일반검사수준 Ⅱ로 한다.

(2) 기술시험용 시료 : 특별검사수준 S-3에 따른다.

4.2.3 일반시험 검사

일반시험용 결함구분과 검사방법은 표 1에 따른다.

표 1. 일반검사

분류	결함내용	검사방법
중결점	AQL=1.0%	
101	호환성에 영향을 미치는 치수 (3.2 참조)	측정기기
102	부적당한 보호피막처리 (3.3.1 참조)	육안
103	규정된 것과 다른 레버위치 (3.3.2 참조)	육안
정결점	AQL=4.0%	
201	중결점 이외의 치수 (3.2 참조)	측정기기
202	부적당한 재료 (3.1 참조)	육안
203	부적당한 식별표시 (3.3.3 참조)	육안

204	일솜씨 (3.4.21 참조)	육안
205	부적당한 포장 및 표지 (5.2 및 5.3 참조)	육안

4.2.4 기술시험 검사

원자재(필요시), 완제품 및 부품의 기술시험 검사는 표 2에 따른다.

표 2. 기술시험검사

항목	필요조건항	검사방법	AQL
재료검사	3.1항	해당 관련규격 적용	4.0%
접촉저항	3.4.1항	4.2.6.2의 (1)항 적용	4.0%
절연저항	3.4.2항	4.2.6.2의 (2)항 적용	4.0%
내전압	3.4.3항	4.2.6.2의 (3)항 적용	4.0%
레버작동력	3.4.12항	4.2.6.2의 (4)항 적용	4.0%
레버작동량	3.4.13항	4.2.6.2의 (5)항 적용	4.0%

'음, 여기도 검사 엄격도와 샘플링 횟수는 없네. 기본적으로 적용되는 값이 있나 보다.'

대한은 Z 파트장에게 가서 물어보고 싶었지만, 시정조치요구서에 대한 답변서 작성 관련 자료를 정리하느라 정신이 없어 보였다.

'흠……. 일단 우리 290밀리 로켓탄의 시료 수가 이상하게 나온 원인에만 초점을 맞추자. 그럼 검사 엄격도 및 샘플링 횟수는 기본값, 그러니까 생산자와 소비자가 묵시적으로 합의한 기본값이 있는 걸까?'

대한은 이면지 한 장을 꺼내서 생각을 시각적으로 전개를 해보기로 했다. 생각을 시각적으로 그리면서 전개하는 방식은 안상수 교수가 수업시간에 드라마 인물관계도를 그려보라는 과제를 하면서 접

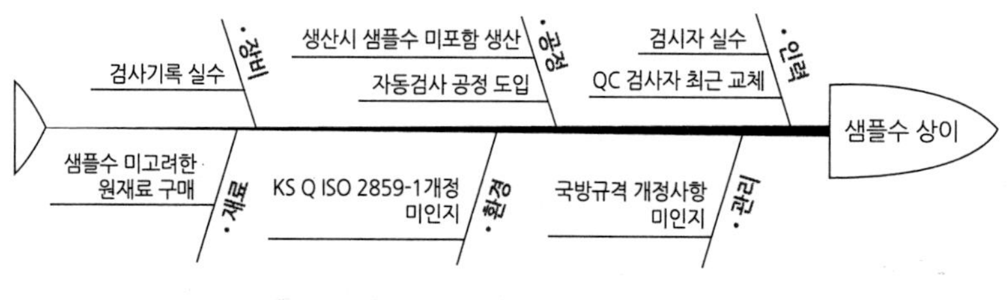

그림 30 샘플수가 다른 원인에 대한 분석과정

해본 적이 있었다.

대한은 펜을 빙빙 돌리면서 생각나는 원인을 시각적으로 그리고 세부원인을 나열해 보았다. 마치 생선뼈 같이 생겨서 fish bone 차트라고 불리는 방법이었다. 대한은 스스로 묻고 답해 보면서 국방규격상의 샘플 수와 실제 샘플 수의 차이가 나는 원인에 대해 추론해 보았다.

'일단, 규격이 개정되어 샘플수 기준이 변동되었을 가능성을 검토해 보자. 이를 확인하기 위해서는 과거의 290밀리 로켓탄 국방규격과 KS Q ISO 2859-1 샘플링 검사표준이 변경되었는지 확인해보자.'

확인하는 방법은 간단했다. 두 규격 모두 개정내용을 제공하기 때문이었다. 하지만, 두 규격 모두 최근 10년 사이 내용이 바뀐 부분은 없었다. 대한은 펜으로 관리 및 환경 뼈대에 × 표시를 하고 다른 가능성을 생각해 보았다.

'그렇다면 검사자가 검사기록을 남기는 과정에서 실수한 걸까?'

하지만 실수가 한 번이었으면 모르겠지만, 10여 년 동안 지속적으로 샘플수가 적게 납품이 되었는데, 대한의 회사 담당자와 국과기술연구원 검사관 모두가 이를 모른 채 그 긴 시간이 흐를 가능성 역시 낮아 보였다.

대한은 인력 뼈대에 × 표시를 하고 다른 가능성을 검토하기 시작했다.

'그렇다면, 파괴되는 샘플 수를 고려해서 제품을 생산해야 하는데 납품소요 필요량보다 적게 생산해서 그런 걸까?'

이 역시 합리적인 추론이 되지는 못했다. 납품량으로 로트크기를 결정하고 나면 검사수준과 합격품질한계(AQL)에 의해 대략적인 샘플수가 결정이 되므로, 필요로 하는 샘플 수량을 잘못 계산해서 생산 했을 가능성 역시 매우 낮아 보였다.

대한은 재료 뼈대에 역시 굵은 글씨로 ×자를 그려 넣었다.

'그럼 남는 것은 자동검사공정 도입인데……? 예전에는 사람이 제조하고 검사했는데, 10년 전부터 자동화 라인이 도입되었다고 했지. 그럼 그사이에 어떤 변화가 생겼을까?'

대한은 얼마 전 2 파트장과 함께 전선 완제품 창고에 갔을 시, 모든 제조 및 검사 공정이 자동화되었다는 설명을 들은 사실을 떠올렸다.

'자동화가 되면 사람이 검사할 때보다 적게 검사하는 것 아닐까? 참, 검사 엄격도란 게 있어서 수월한 검사, 보통 검사, 까다로운 검사에서 선택한다고 했는데 이게 무슨 차이가 있는 거지?'

대한은 KS Q ISO 2859-1 규격에서 수월한 검사, 보통 검사, 까다로운 검사 각각에 대한 샘플링표가 따로따로 주어져 있었다는 기억을 떠올렸다. 샘플링 횟수 역시 1회, 2회, 다회 각각에 대한 샘플링

표 역시 따로따로 주어져 있었다.

표 45 2859-1에서 시료문자에 따른 보통검사와 수월한 검사의 샘플수 비교

시료문자	보통검사	수월한 검사
A	2	2
B	3	2
C	5	2
D	8	3
E	13	5
F	20	8
G	32	13
H	50	20
J	80	32
K	125	50
L	200	80
M	315	125
N	500	200
P	800	315
Q	1,250	500
R	2,000	800

'응? 수월한 검사는 같은 검사수준과 같은 합격품질한계(AQL)에서 시료 수가 줄어드네? 그러면 우리 290밀리 로켓탄 기폭장치는 보통검사와 수월한 검사에서 시료 수 차이가 어떨까? 일단 국방규격에 나와 있지 않은 샘플링 횟수는 1회를 적용해 보자.'

동시에 대한의 머릿속에는 며칠 전 2 파트장의 말이 스쳐지나갔다.

"그러면 시료를 125개를 선택해서 인장검사를 해야 해. 합격판정개수는 0개, 즉 부적합품이 1개라도 나오면 해당 로트는 부적합 처

리 되지. 그런데 이유는 모르겠지만 몇 년 전부터 시료를 50개만 골라서 시험을 해왔단 말이야……. 이상도 하지. 이렇게 이유 없이 시료 수를 바꿔서 시험할 리가 없는데…….”

“이건가? 자동화로 공정이 바뀌면서 검사 엄격도에 수월한 검사를 적용해서 시료 수가 줄어든 걸까?”

대한의 손이 흥분으로 떨리면서 공정 → 자동검사공정도입에 ○ 표시를 했다.

	보통검사	수월한 검사
로트크기	ㅇ30,000	
국방규격 명기 사항	ㅇ검사수준: 보통검사수준 I ㅇ합격품질한계: 0.1%	
국방규격 미명기 사항	ㅇ샘플링 횟수 : 1회	
시료수	ㅇ125	ㅇ50
합격판정기준	ㅇ0/1	ㅇ0/1

• 현재 전환스코어 값이 30 이상
• 생산이 안정적이고, 소관 권한자에 의해 승인

• 과거 5개 이하의 로트 중 2개의 로트에서 부적합품 발견

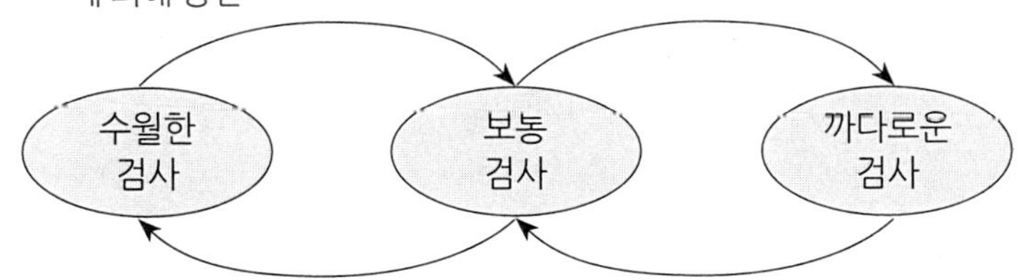

• 로트가 수락되어지지 않거나
• 생산이 불규칙적이거나
• 다른 상황들로 보통검사로의 전환이 타당하게 여겨질 때

• 연속으로 5개 로트가 적합판정

그림 31 KS Q ISO 2859-1 검사 엄격도 전환규칙

<참고>

1. 국방규격의 서식 및 작성에 관한 지침, 방위사업청, 12.10.26.
2. 방위사업 관리규정, 방위사업청, 15.12.30.
3. 생선묵 구매요구서, 방위사업청, 15.02.26.
4. 스위치 규격, 방위사업청, 13.4.

자신의 상사가 인정받는 것이 내가 인정받는 것

강 팀장의 목소리가 사무실에 맑게 울려 퍼졌다.

"흠... 충분히 타당한 원인분석이야. 290밀리 로켓탄은 그동안 사용자 불만이 발생한 적도 없고 게다가 자동화 공정이 도입되면서 더욱 제조가 안정화 되었으니, 검사 엄격도를 보통 검사에서 수월한 검사로 조정하여 샘플링 검사를 수행했을 수도 있지."

2 파트장이 강 팀장의 이해를 돕기 위해 추가 설명을 했다.

"팀장님도 아시다시피 국방규격에는 검사 엄격도 관련 부분이 명확히 명기가 안 되었으므로 당시 저희 요원과 국과기술연구원 검사관이 서로 협의를 통해 수월한 검사로 전환하였고, 이를 기록에는 남기지 않은 것 같습니다."

대한은 멀찌감치 떨어져 약간의 긴장과 흥분이 뒤섞인 채로 둘의 대화를 바라보고 있었다.

"그렇다면 이번 시정조치요구서의 시정원인분석 및 시정조치는 답변서를 작성하는 데는 어려움이 없겠군. 우리가 잘못한 게 없으니."

2 팀장의 목소리에는 힘이 들어갔다.

"네, 이번 건은 샘플링 검사 관련하여 국방규격이 명확하게 필요한 정보를 담지 않았기에 발생한 하나의 해프닝인 것 같습니다."

강 팀장 역시 목소리에 자신감이 넘쳤다.

"그래. 시정조치요구서 답변서 보내고 납품시키자고. 납기일정 맞추는 데는 어려움이 없겠지?"

2 팀장이 준비한 듯이 대답했다.

"네, 물류팀과 협조하여 납품일정을 꼭 준수토록 하겠습니다."

"오케이, 수고했어. 그리고 수평전개 및 재발방지방안은 규격작성 및 재·개정 관리책임부서인 과학사업청 및 국가기술연구원 측에 먼저 통지한 후에, 시간을 갖고 천천히 답변서 작성하자고."

"예, 알겠습니다."

"그래 고생했어. 마무리 잘하자."

강 팀장과 2 파트장은 회의를 마치고 각자 업무로 복귀했다.

대한도 느낀 것이 있었다.

자신의 상사가 칭찬받는 것이 결국 자신이 칭찬받는 것보다 더 기분이 좋다는 사실을…….

군수품의 정의

A.5 군수품

가. 군에 소요되는 「물품관리법」 상의 물품으로서 국방부 및 그 직할기관과 육 · 해 · 공군에서 관리하는 동산 중 현금, 유가증권을 제외한 모든 동산을 말한다.

나. 군부대를 장비하여 유지하며, 작전하는데 필요한 모든 품목, 식량, 의류, 장비, 무기, 탄약, 연료, 물자 그리고 모든 종류의 기계를 포함한다.

A.6. **규격**(Standard Specification)

일반적으로 공업품의 물리적 및 화학적 특성, 제조방법, 시험방법을 과학적으로 규정한 표준을 말하며, 특히 제품구매 및 용역에 대한 규격을 지칭하며 정식규격과 약식규격으로 구분된다. 국방규격은 국방규격서, 도면, 품질보증요구서(QAR), 자료목록, 소프트웨어 기술문서 등의 기술 자료로 구성된다.

국방규격의 종류

국방규격은 다음과 같이 분류한다.

가. 정식규격, 약식규격(임시/포장/도면 규격)

포장규격서는 군수품의 포장기준이 해당 품목 규격서에 포함되지 않은 품목에 대하여 군수품의 수명을 보존하고 수송, 저장, 취급 등 물품을 효과적으로 관리하기 위해 제정하여 사용하는 규격서

임시규격서는 기술 자료가 미비할 때 제정하는 규격서

나. 기타 기술문서(도면, 품질보증요구서(QAR), 자료목록, 소프트웨어 기술문서 등)

- 자료목록 품목을 구성하는 전 부품, 조립품 및 관련 문서들에 대한 도면번호와 명칭, 부품번호, 구성수량 , 부품수준(level) 및 수정여부 등의 정보들을 기입

- 품질보증요구서(Quality Assurance Requirement)는 부품, 조립체의 형상 및 기능, 안전과 관련되는 특성 등에 대한 품질보증을 위하여, 규격서 항목 및 그 이외의 항목에 대하여 확인하여야 할 위치, 확인 항목, 합격품질수준(AQL) 등을 명시

작성원칙

규격서는 획득하고자 하는 품목의 기본적인 기술적 필요조건을 포함하여 제정되어야 한다. 유사 제품도 최대한 단일 규격을 적용할 수 있도록 해야 한다. 규격은 최대한 경쟁을 유도할 수 있도록 작성되어야 하며, 가능하다면 규격 필요조건은 최대한 요구조건을 만족할 수 있어야 한다. 국방규격은 제품의 특성, 군수지원의 효율성, 경제적 조달, 국내의 기술수준 및 능력 등을 고려하여 성능형 규격과 상세형 규격 중에서 효과적인 방법을 선택하여 작성한다.

A.19 상세형 규격서(Detail Specification)(설계형 규격서)

상세형 규격서란 구매에 적용될 품목과 용역에 관한 기술적인 요구사항과 요구 성능의 달성방법을 구체적으로 기술한 규격을 말한다.

A.20 성능형 규격서(Performance Specification)

성능형 규격서란 요구되는 결과를 얻기 위한 구체적인 방법을 기술하지 않고 요구 성능, 환경조건, 연동성 · 호환성 등만을 명시한 규격을 말한다.

1.3 필요조건 설정

규격서는 적용문서, 필요조건, 검증항목이 유사 품목에 적용할 수 있도록 구성 및 작성되어야 한다. 규격의 설정 및 적용 방법은 다음의 항목을 참조하여 필요조건을 설정하여야 한다.

가. 성능 요구조건

1) 형 및 종

2) 기능 요구조건

3) 운용 요구조건

나. 환경 요구조건

다. 개발 요구조건

라. 설계 요구조건

대한, 회의에서 날다

대한은 숨이 턱 막혔다.

넓디넓은 회의장에는 과학사업청 규격 담당 부서의 팀장 및 팀원 등 10여 명, 군수사 품질검사과 관계자 5명, 국가과학연구원의 규격 담당자 관계자들 10여 명, 국과기술연구원의 규격 활용부서 담당자들 10여 명, 그리고 대한의 회사에서는 강 팀장, 1 팀장, 대한이 회의에 참석했다.

상위 부서인 과학사업청 팀장이 마이크를 잡으며 이야기를 시작했다.

"먼저 바쁘신 가운데 금일 회의에 참석해 주신 관계자분들께 감사드립니다. 오늘 회의의 목적은 국방규격 샘플링 검사 개선 T/F의 착수회의입니다. 먼저 참석해 주신 분들의 소개를 하겠습니다."

한명 한명 일어서서 발언하는데 대한은 약간 지루한 감이 들었다.

다 모르는 사람들이고 다 똑같은 얘기를 하고 있기 때문이었다. 간단히 자기소개만 하면 될 것 같은데 다들 자신이 여기 올 수밖에 없었던 이유를 설명했기 때문이다.

"네, 반갑습니다. 저는 ○○소속의 ○○○입니다. 사실 국방규격 정비건 관련해서는 원래 ○○부서의 ○○가 담당인데 급한 출장으로 인해 제가 대신 참석했습니다. 저는 분위기만 파악해서 전달토록 하겠습니다."

"이렇게 좋은 날씨에 과학사업청 ○○팀장님 얼굴 뵈니 제 마음도 펴지는 것 같습니다. 지금까지 저희가 제품 잘 개발하고 생산했는데, 국방규격에 조금 오류, 아니 제가 보니 오류도 아니에요, 오타에요, 오타. 오타 수준의 문제가 있어 이렇게 많은 사람이 모인 것 같습니다. 회의는 30분이면 끝나겠죠?"

"이거 다들 전문가들이신데, 저는 비전문가여서 어떡하나 걱정이 됩니다. 근데 샘플링이 뭔가요? 그냥 적당히 몇 개 뽑아서 검사하면 되는 거 아닌가요?"

T/F 팀장이라고 자신을 소개한 과학사업청 팀장은 들어가면서 참석자들의 소개가 끝나자 다시 마이크를 잡았다.

"우리 T/F의 목적은 국방규격의 샘플링 검사 관련 규정의 정비 및 국방규격 일괄개선입니다. 물론 최상위 지침인 과학사업청의 '국방규격의 서식 및 작성에 관한 지침'의 정비는 저희가 정비할 것이며, 각 해당 기관 및 업체는 저희 지침의 수정된 내용을 자체 규정 및 지침에 반영해 주시기 바랍니다. 먼저 국내 방위산업체인 대한 품질보증팀 강종원 상무님, 지침의 문제점에 관해 설명해 주시기 바랍니다."

강 상무가 일어나 간단히 고개를 숙인 후 현 국방규격의 문제점에 관해 설명했다. 먼저 현 과학사업청 지침은 2859-1 샘플링 검사를 적용하게 되어 있으나 2859-1 샘플링 검사를 위해 필요한 정보들, 검사수준, 합격품질한계(AQL), 검사 엄격도, 샘플링 횟수에 대한 정보가 불충분하여 현장에서는 샘플 수와 합격판정 기준이 다르게 해석될 수 있으며, 이는 결과적으로 군수품 품질, 계약금액, 납기 및 전력화 일정 등에 영향을 미칠 수 있음을 설명했다. 그리고 이는 현 과학사업청 지침의 문구, '규격서에는 성능의 입증 및 호환성 확보를 위한 최소한의 샘플링 조건, 합격품질 수준만을 명시한다.' 및 수십 년간 국방규격을 작성해온 관행 때문으로 추정된다는 설명을 덧붙였다.

강 팀장의 발언이 끝나자, 국과기술연구원 품질경영운영실 안예준 책임 연구원이라는 이름표를 부착한 연구원이 손을 듣고 질문을 했다.

"네. 검사를 수행하는 검사관의 판단에 따라 샘플 수 및 합격판정 기준이 달라짐에 따라 업체가 겪는 곤란함은 충분히 이해합니다. 하지만 정부품질검사를 수행하는 국과기술연구원 입장에서는, 사실 품질이란 게 국방규격만을 준수한다고 확보되는 것은 아니고, 경영자 의지, 재정상태, 기술인력 확보 여부, 품질경영시스템 인증 및 운용현황 등 다양한 요소가 영향을 미치기 때문에 시료 수를 누가 검사하든지 같게 나오도록 기준을 정한다면 업체의 수준에 따른 품질 영향을 간과하게 됩니다. 즉, 품질은 업체의 수준에 따라서도 변동이 가능한데, 늘 사용자 불만 없이 제품을 잘 만드는 업체와 매 로트마다 사용자 불만을 일으키는 업체가 있다고 가정 시 두 업체 모두 같게 샘플을 뽑아서 검사하는 것은 타당하지 않다고 봅니다. 정부 검사관이 판단했을 시, 업체의 수준이 높으면 샘플을 적게 뽑아서 검사하면 되고, 업체의 수준이 낮으면 샘플을 많이 뽑아서 검사해야 되지 않겠습니까?"

그러자 회의에 참석한 대다수 사람이 고개를 끄덕끄덕 거렸다. 마치 자신들이 하고 싶은 이야기를 대변해 주어서 그런 걸까?

강 상무는 대답이 곤란한 듯 어색한 표정을 지었다.

"맞는 말씀입니다만, 업체의 입장에서는 그 판단 기준이 약간 모호하다는 느낌을 받는 것도 사실이고,"

그러자 다른 연구원의 반박이 이어졌다.

"어차피 정부가 그 비용 다 주는데 뭐가 문제입니까? 검사 더 해서 제품 확실하면 업체도 좋은 거 아니에요?"

"검사 많이 해서 품질 좋아지면 서로 좋은 거 아닙니까? 근데 뭐가 문제에요?"

"우리 검사관들이 아무 기준 없이 검사한다는 얘기처럼 들리네요? 저희는 정부를 대신해서 품질보증을 하는 겁니다. 저희는 품질보증활동의 심도와 범위를 품보원이 가감 할 수 있다고 저희 업무규정에 나와 있어요. 강 상무님도 방산 30년 하셨으니까 해당 내용을 아실 텐데요."

강 팀장은 연신 쏟아지는 비난 혹은 질책에 답변하기 곤란한 듯 보였다. 대한은 도저히 이해할 수가 없었다. 잘못된 것을 바로잡자는데 왜 이렇게 싫어할까?

마침 2 파트장이 대한을 쿡 찌르더니 업무일지를 보여주었다.

거기에는 이렇게 적혀있었다.

"미친 척 한번 해봐."

대한은 눈을 동그랗게 뜨고는 2 파트장을 바라보았다. 때마침 2 파트장은 손을 들고 큰 목소리로 얘기했다.

"대한에서 온 품질보증 2 파트장입니다. 제가 한 말씀 드려도 되겠습니까?"

2 파트장의 목소리가 워낙 커서 사람들은 모두 2 파트장을 돌아보았다.

"업체 혹은 기술 수준에 따라 샘플 수를 가감할 필요가 있다는 내용은 충분히 공감합니다. 다만 저희가 말씀드리고 싶은 것은, 그 가감의 범위를 가능하면 정량적으로 정해놓자는 것입니다."

이어지는 2 파트장의 발언은 대한에게 큰 충격을 주었다.

"이번 국방규격의 샘플링 검사 관련 조항의 문제점을 발견한 우리 회사 대한 연구원이 제안하는 그 가감의 범위를 설명해 드리겠습니다. 자료를 보시죠."

'헉……. 어젯밤에 간단히 만든 그 자료를 얘기하는 건가?'

2 파트장은 대한을 슬쩍 밀어 강 팀장이 발표하던 곳으로 이끌었다.

'2 파트장님, 그 자료는 어제 우리가 참고자료로 사용한다고 해서 손으로 찍찍 그린 걸 스캔한 거잖아요 --;'

하지만 사람들은 대한을 쳐다보고 있었고, 대한은 무언가 시작해야 했다. 목이 바짝 탔다.

"안녕하십니까, 대한 품질보증팀에 근무하는 신입직원 대한이라고 합니다."

대한의 긴장된 톤이 높은 목소리에 일부 사람들이 키득거렸다.

"일단, 국방규격 작성을 위한 과학사업청 지침에 따르면, 검사와 시험은 KS Q ISO 2859-1에 따라 수행하되, 치명결점, 중결점, 경결점으로 결점을 분류하고 각 결점에 대해 합격품질한계(AQL)를 결정하도록 되어 있습니다. 하지만, KS Q ISO 2859-1에 따라 샘플링 검사를 수행하려면 보시는 바와 같이 5개 입력요소가 필요합니다. 그래야만 시료 크기 및 합격판정개수를 정확히 알 수 있습니다."

TF팀장이 물었다.

"어, 우리 청 지침에는 검사 엄격도 및 샘플링 횟수가 정해진 게

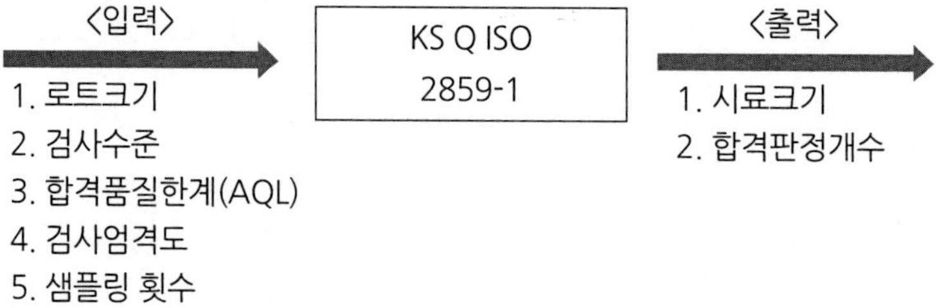

〈입력〉 → KS Q ISO 2859-1 → 〈출력〉

〈입력〉
1. 로트크기
2. 검사수준
3. 합격품질한계(AQL)
4. 검사엄격도
5. 샘플링 횟수

〈출력〉
1. 시료크기
2. 합격판정개수

입력요소	필수여부	비고
검사수준	필수	국방규격 명기
합격품질한계	필수	국방규격 명기
샘플링 횟수	선택	국방규격 미명기
검사엄격도	선택	국방규격 미명기

없네요?"

"맞습니다. 몇 가지 사례를 보시겠습니다."

대한은 그동안 보았던 생선묵, 스위치(토글식). 전선 등의 국방규격을 보여주면서 청 지침에 언급되지 않은 검사 엄격도, 샘플링 횟수 등에 따라 어떻게 샘플 수와 합격판정 기준이 달라질 수 있는지 계산한 자료를 보여주었다.

"저희는 이렇게 생각합니다. 일단 필수적으로 국방규격에 명기되어야 하는 부분과 국가과학연구원 및 국과기술연구원에서 업체/제품/기술 수준 등에 따라 조정할 수 있는 범위를 정했으면 합니다."

"저렇게 해도 되나?"

사람들이 웅성웅성 했다.

"지금까지 관행적으로 해온 일들을 명문화하자는 거네요. 문제없을 거 같은데요?"

"저러면 우리가 나중에 감사꼬투리 잡히는 거 아니에요?"

TF팀장은 이 소란을 지켜보다가 상황을 정리하려는 듯 마이크를 잡았다.

"자자, 조용히 하시고 이렇게 합니다. 첫 번째로 현황파악부터 합니다. 각자 돌아가셔서 국방규격 중에서 샘플링을 위해 필요한 요소들이 빠진 규격들을 모두 솎아냅시다. 두 번째로 민수분야 혹은 미국의 경우 샘플링 검사를 위해 어떤 기준을 적용하고 있는지 벤치마킹합시다. 세 번째로 우리 국방 분야에서는 어떤 샘플링 검사 기준을 정할지 결정합니다. 네 번째로 정부기관이 품보 활동의 심도와 범위를 어떤 인자의 변동을 통해 가능케 할지 고민합시다. 마지막으로 그 고민이 끝나면 현재 모든 국방규격에 대해 일괄적으로 변경처리 합시다."

그리고 TF팀장은 잠깐 말을 끊었다가 다시 이었다.

"제가 드릴 수 있는 얘기는 본 국방규격의 개정은 과거의 책임을 묻기 위한 것이 절대 아닙니다. 추후 생길지도 모르는 감사, 즉 과거에는 샘플링 검사를 어떻게 했다는 거야, 이런 식의 감사는 결단코 없으리라고 제가 보증해 드릴 테니, 안심하시고 이번 기회에 국방규격 정비 좀 합시다."

그리곤 TF팀장은 대한 쪽을 쳐다보며 말했다.

"지금 보니까 대한 쪽이 샘플링 검사 관련 제일 전문가들이시네. 다음번 모일 때 민수분야나 외국에서는 어떻게 하는지 하고, 우리 국방 쪽은 어떻게 해야 하는지 초안을 한번 만들어서 얘기해 보시죠. 자, 그럼 수고하셨습니다."

대한은 어이가 없어 옆의 파트장과 팀장을 쳐다보았다. 문제를 제기한 사람에게 답을 만들어서 가져오라고 하는 상황인 것이다.

하지만 파트장과 팀장은 오히려 만족해하는 눈치였다.

그렇게 회의가 끝났다.

돌아오는 KTX 안에서 대한은 궁금증을 해결하고자 맞은편에 앉은 강 팀장에게 물었다.

"팀장님, 이거 좀 이상하네요. 문제를 제기한 사람한테 답을 가져오라고 하는 거 아닙니까?"

그러자, 강 팀장이 빙그레 웃으며 답했다.

"아, 대한 씨는 그렇게 느껴졌을 수 있겠네. 흠. 여기 맥주 3캔하고 오징어 하나 주십시오."

강 팀장은 지나가는 판매원에게 구매한 맥주 한 모금을 시원하게 마시고는 얘기를 이어나갔다.

"대한 씨는 정말 좋은 경험을 일찍 하는 거 같아. 안 그래 2 파트장?"

옆에서 오징어를 뜯어 먹기 좋은 크기로 찢고 있던 2 파트장 역시 알 듯 모를 듯 미소를 지으며 고개를 끄덕였다.

"학생 때는 문제를 제기하고, 사회에 불만을 토로하고, 기성세대를 원망하고, 정치 자체를 혐오하고, 그래. 학생 때는 그럴 수 있어. 하지만 사회인이 되어서도 똑같이 행동한다면 그건 성숙한 사회인이라고 보기 어려워. 물론 술자리에서는 할 수 있겠지만."

강 팀장은 2 파트장이 잘라 놓은 오징어를 하나 들면서 얘기를 계속했다.

"대한 군은 혹시 투표하나?"

사실 대한은 정치에는 관심이 없었다. 그냥 정치인들은 매일 싸우고 투표 때가 되면 가끔 보는 정치인들. 사실 정당이 몇 개나 있는지 정당 이름도 잘 몰랐다.

대한이 머뭇거리자 강 팀장이 얘기했다.

"대부분 정치를 혐오하는 20대 젊은이들은 '그게 나랑 무슨 상관이냐, 투표는 남의 일이다.'라고 얘기하거나 뽑을 사람이 없다는 얘기를 많이 하지. 물론 좋은 사람을 뽑는 게 투표라고 생각할 수 있지만 사실 투표는 나쁜 사람을 떨어트리는 게 투표야. 권력 주위에는 늘 나쁜 의도를 가진 사람들이 모이거든."

강 팀장은 말을 이었다.

"이번 일은 우리가 문제를 제기했고, 우리가 답을 만들 수 있는 기회를 가지게 된 거지. 직장에서 고마운 동료 및 상사란 나의 일을 도와주는 사람이 아니고 내가 하는 일에 대해 훼방을 놓지 않는 사람이라는 정의가 보다 정확할 거야."

강 팀장은 다시 맥주를 한 모금 들이키며 얘기를 정리했다.

"나의 일, 우리 회사의 일을 도와주는 외부 기관 혹은 외부 사람, 이런 건 없어. 전쟁터에서 누가 누구를 도와주나? 자신의 칼을 들고 자기를 지키기도 바쁜데. 그건 드라마에 나오는 얘기지."

강 팀장은 2 파트장을 돌아보며 말했다.

"2 파트장은 일이 좀 커졌으니까, 각 파트에서 1명씩 차출해서 TF를 꾸리고 일을 시작하지. 그리고 이번 규격 개정 관련 우리의 목표는 생산과 품질이 안정화된 우리 회사 품목들에 대해 시료 수를 줄이도록 하는 거야, 경쟁사 대응 쪽은 뭐 말 안 해도 알겠지?"

"네, 알겠습니다."

대한은 알 듯 모를 듯하여 역시 맥주를 한입 털어 넣고 창밖을 바라보았다. 풍경이 창밖으로 빠르게 스쳐 지나가는데, 한 가지 확실한 것은 이제 대한 역시 이 기차에서 내릴 수 없게 되었다는 점이다.

MIL-STD-105E

미 국방성은 계수형 샘플링 검사 규격으로 MIL-STD-105를 모든 국방성 산하 기관에 사용하도록 제정하였으나, 1989년 5월 10일자로 폐지하였다. 이후 미 국방성에서 제정한 무결점 수락 기반의 MIL-STD-1916 또는 미 표준협회에서 제정한 ANSI/ASQ Z1.4로 대체되었다.

MIL-STD-105의 특징은 결함을 3가지, 치명결점, 중결점 및 경결점으로 분류하였다는 점이다. 현재 ISO 2859-1에서는 해당 용어대신 결함 A, 결함 B, 결함 C라는 용어를 사용하도록 되어 있지만, 많은 현존 규격서 및 검사표준서 등에서는 용어의 명료함으로 인해 MIL-STD-105의 결점 분류를 사용하고 있다. 기타 샘플링 검사에 필요한 다른 부분은 ANSI/ASQ Z1.4와 거의 유사하다.

표 50 MIL-STD-105에 따른 결함의 분류

분류	설명
치명특성	ㅇ해당 기능의 동작 실패시 사용(유지보수 포함)하는 개인에게 매우 위험한 상황을 초래하는 경우 ㅇ해당 기능의 동작 실패시 군수품(항공기, 함정, 미사일, 탱크 등)의 전술적인 기능 수행을 방해하는 경우
중특성	ㅇ치명결점과는 달리 동작 실패시 군수품의 의도된 기능의 사용성 감소를 초래하는 경우
경특성	ㅇ동작실패시 의도된 기능의 사용성 감소를 초래하지는 않지만 군수품의 효과적인 사용성 감소를 초래하는 경우

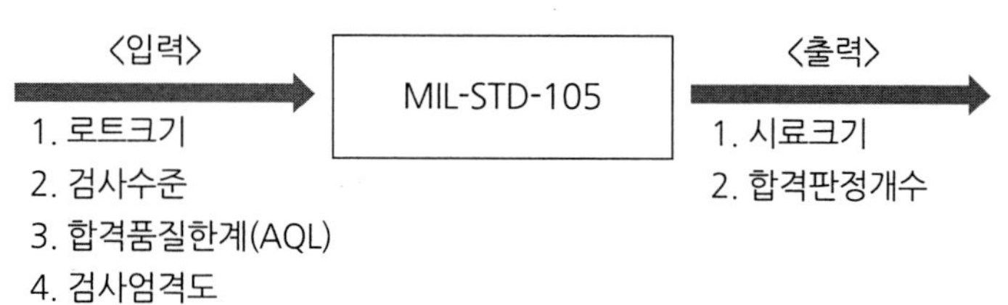

그림 32 MIL-STD-105에 따른 샘플링 검사를 위해 필요한 입력요소들

표 51 MIL-STD-105의 입력인자들에 대한 설명

입력인자	설명
로트크기	2 이상이며, 총 15구간으로 나뉨
검사수준	특별검사수준(S-1, S-2, S-3, S-4) 4종류와 일반검사수준(I, II, III) 3종류 등 총 7수준 중 1가지를 택일
합격품질한계(%)	총 16종류(0.01, 0.015, 0.025, 0.04, 0.065, 0.1, 0.15, 0.25, 0.4, 0.65, 1.0, 1.5, 2.5, 4.0, 6.5, 10.0)중 택일
검사엄격도	수월한 검사, 보통검사, 까다로운 검사중 택일
샘플링 횟수	1회, 2회, 다회중 택일

표 52 MIL-STD-105 시료문자표

로트 크기	특별 검사수준				일반 검사수준		
	S-1	S-2	S-3	S-4	I	II	III
2 – 8	A	A	A	A	A	A	B
9 – 15	A	A	A	A	A	B	C
16 – 25	A	A	B	B	B	C	D
26 – 50	A	B	B	C	C	D	E
51 – 90	B	B	C	C	C	E	F
91 – 150	B	B	C	D	D	F	G
151 – 280	B	C	D	E	E	G	H
281 – 500	B	C	D	E	F	H	J
501 – 1,200	C	C	E	F	G	J	K
1,201 – 3,200	C	D	E	G	H	K	L

3,201 – 10,000	C	D	F	G	J	L	M
10,001 – 35,000	C	D	F	H	K	M	N
35,001 – 150,000	D	E	G	J	L	N	P
150,001 – 500,000	D	E	G	J	M	P	Q
500,001 이상	D	E	H	K	N	Q	R

표 53 MIL-STD-105 보통 검사의 1회 샘플링 검사 방식(주 샘플링표)

시료 글자	시료 크기	합격품질한계(AQL) (보통 검사)															
		0.010	0.015	0.025	0.040	0 065	0.10	0.15	0.25	0.40	0.65	1.0	1.5	2.5	4.0	6.5	10
		Ac Re	Ac Re	Ac Re	Ac Re	Ac Re	Ac Re	Ac Re	Ac Re	Ac Re	Ac Re	Ac Re	Ac Re	Ac Re	Ac Re	Ac Re	Ac Re
A	2	↓	↓	↓	↓	↓	↓	↓	↓	↓	↓	↓	↓	↓	↓	0 1	↓
B	3	↓	↓	↓	↓	↓	↓	↓	↓	↓	↓	↓	↓	↓	0 1	↑	↓
C	5	↓	↓	↓	↓	↓	↓	↓	↓	↓	↓	↓	↓	0 1	↑	↓	1 2
D	8	↓	↓	↓	↓	↓	↓	↓	↓	↓	↓	↓	0 1	↑	↓	1 2	2 3
E	13	↓	↓	↓	↓	↓	↓	↓	↓	↓	↓	0 1	↑	↓	1 2	2 3	3 4
F	20	↓	↓	↓	↓	↓	↓	↓	↓	↓	0 1	↑	↓	1 2	2 3	3 4	5 6
G	32	↓	↓	↓	↓	↓	↓	↓	↓	0 1	↑	↓	1 2	2 3	3 4	5 6	7 8
H	50	↓	↓	↓	↓	↓	↓	↓	0 1	↑	↓	1 2	2 3	3 4	5 6	7 8	10 11
J	80	↓	↓	↓	↓	↓	↓	0 1	↑	↓	1 2	2 3	3 4	5 6	7 8	10 11	14 15
K	125	↓	↓	↓	↓	↓	0 1	↑	↓	1 2	2 3	3 4	5 6	7 8	10 11	14 15	21 22
L	200	↓	↓	↓	↓	0 1	↑	↓	1 2	2 3	3 4	5 6	7 8	10 11	14 15	21 22	↑
M	315	↓	↓	↓	0 1	↑	↓	1 2	2 3	3 4	5 6	7 8	10 11	14 15	21 22	↑	↑
N	500	↓	↓	0 1	↑	↓	1 2	2 3	3 4	5 6	7 8	10 11	14 15	21 22	↑	↑	↑
P	800	↓	0 1	↑	↓	1 2	2 3	3 4	5 6	7 8	10 11	14 15	21 22	↑	↑	↑	↑
Q	1,250	0 1	↑	↓	1 2	2 3	3 4	5 6	7 8	10 11	14 15	21 22	↑	↑	↑	↑	↑
R	2,000	↑	↑	1 2	2 3	3 4	5 6	7 8	10 11	14 15	21 22	↑	↑	↑	↑	↑	↑

비고 1. ↓ : 화살표 아래의 최초의 샘플링 방식을 사용한다. 만약, 샘플 크기가 로트 크기 이상이면 전수 검사를 실시한다.
2. ↑ : 화살표 위의 최초의 샘플링 방식을 사용한다.
3. Ac : 합격판정 개수
4. Re : 불합격판정 개수

〈참조〉

1. Sampling procedures and Tables for Inspection by Attributes(MIL-STD-IOS), Bepartment of Defense, 08.2.6

ANSI/ASQ Z1.4

ANSI/ASQ Z1.4는 미국 표준협회에서 제정한 것으로 기존 미국방성 계수형 샘플링 검사 규격인 MIL-STD-105E와 샘플문자 및 샘플링표가 동일하다. 따라서 동일한 로트크기, 검사수준, 합격품질한계(AQL), 검사엄격도 및 샘플링 횟수가 주어졌을 시 MIL-STD-105와 ANSI/ASQ Z1.4 모두 동일한 샘플수와 합격판정기준을 얻는다.

다만 검사엄격도 전환규칙에서 전환스코어 개념을 도입하는 등 일부 수정된 부분이 있으나, 실제 현장에서는 검사엄격도 전환규칙이 적용되는 경우가 극히 적음에 따라 특별한 의미를 갖지 못한다.

〈참조〉

1. Sampling procedures and Tables for Inspection by Attributes(ANSI/ASQ Z1.4), ANSI/ASQ, 2013.

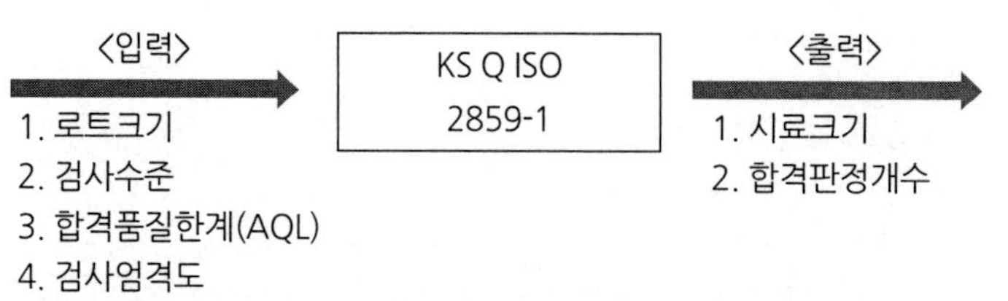

그림 33 2859-1에 따른 샘플링 검사를 위해 필요한 입력요소들

KS Q ISO 2859-1

KS Q ISO 2859-1은 국제표준화기구에서 제정한 것으로 샘플링 검사를 위해 필요한 입력요소들 및 출력요소들은 MIL-STD-105와 ANSI/ASQ Z1.4와 동일하다. 로트크기 및 검사엄격도 전환규칙이 일부 변경되었으며, 현재 가장 널리 사용되는 샘플링 검사방법이다.

표 54 2859-1의 입력인자들에 대한 설명

입력인자	설명
로트크기	2 이상이며, 총 15구간으로 나눔
검사수준	특별검사수준(S-1, S-2, S-3, S-4) 4종류와 보통검사수준(I, II, III) 3종류 등 총 7수준중 택일
합격품질한계(%)	총 16종류(0.01, 0.015, 0.025, 0.04, 0.065, 0.1, 0.15, 0.25, 0.4, 0.65, 1.0, 1.5, 2.5, 4.0, 6.5, 10.0)중 택일
검사엄격도	수월한 검사, 보통검사, 까다로운 검사중 택일
샘플링 횟수	1회, 2회, 다회중 택일

표 55 2859-1의 시료문자표

로트 크기			특별 검사수준				일반 검사수준		
			S-1	S-2	S-3	S-4	I	II	III
2	~	8	A	A	A	A	A	A	B
9	~	15	A	A	A	A	A	B	C
16	~	25	A	A	B	B	B	C	D
26	~	50	A	B	B	C	C	D	E
51	~	90	B	B	C	C	C	E	F
91	~	150	B	B	C	D	D	F	G
151	~	280	B	C	D	E	E	G	H
281	~	500	B	C	D	E	F	H	J
501	~	500	C	C	E	F	G	J	K
1,201	~	1,200	C	D	E	G	H	K	L

3,201 ~ 3,200	C	D	F	G	J	L	M
10,001 ~ 10,000	C	D	F	H	K	M	N
35,001 ~ 35,000	D	E	G	J	L	N	P
150,001 ~ 500,000	D	E	G	J	M	P	Q
500,001 ~ 이상	D	E	H	K	N	Q	R

표 56 2859-1의 보통 검사의 1회 샘플링 검사 방식(주 샘플링표)

시료 글자	시료 크기	합격품질한계(AQL) (보통 검사)															
		0.010	0.015	0.025	0.040	0.065	0.10	0.15	0.25	0.40	0.65	1.0	1.5	2.5	4.0	6.5	10
		Ac Re	Ac Re	Ac Re	Ac Re	Ac Re	Ac Re	Ac Re	Ac Re	Ac Re	Ac Re	Ac Re	Ac Re	Ac Re	Ac Re	Ac Re	Ac Re
A	2	↓	↓	↓	↓	↓	↓	↓	↓	↓	↓	↓	↓	↓	↓	0 1	↓
B	3	↓	↓	↓	↓	↓	↓	↓	↓	↓	↓	↓	↓	↓	0 1	↑	↓
C	5	↓	↓	↓	↓	↓	↓	↓	↓	↓	↓	↓	↓	0 1	↑	↓	1 2
D	8	↓	↓	↓	↓	↓	↓	↓	↓	↓	↓	↓	0 1	↑	↓	1 2	2 3
E	13	↓	↓	↓	↓	↓	↓	↓	↓	↓	↓	0 1	↑	↓	1 2	2 3	3 4
F	20	↓	↓	↓	↓	↓	↓	↓	↓	↓	0 1	↑	↓	1 2	2 3	3 4	5 6
G	32	↓	↓	↓	↓	↓	↓	↓	↓	0 1	↑	↓	1 2	2 3	3 4	5 6	7 8
H	50	↓	↓	↓	↓	↓	↓	↓	0 1	↑	↓	1 2	2 3	3 4	5 6	7 8	10 11
J	80	↓	↓	↓	↓	↓	↓	0 1	↑	↓	1 2	2 3	3 4	5 6	7 8	10 11	14 15
K	125	↓	↓	↓	↓	↓	0 1	↑	↓	1 2	2 3	3 4	5 6	7 8	10 11	14 15	21 22
L	200	↓	↓	↓	↓	0 1	↑	↓	1 2	2 3	3 4	5 6	7 8	10 11	14 15	21 22	↑
M	315	↓	↓	↓	0 1	↑	↓	1 2	2 3	3 4	5 6	7 8	10 11	14 15	21 22	↑	↑
N	500	↓	↓	0 1	↑	↓	1 2	2 3	3 4	5 6	7 8	10 11	14 15	21 22	↑	↑	↑
P	800	↓	0 1	↑	↓	1 2	2 3	3 4	5 6	7 8	10 11	14 15	21 22	↑	↑	↑	↑
Q	1,250	0 1	↑	↓	1 2	2 3	3 4	5 6	7 8	10 11	14 15	21 22	↑	↑	↑	↑	↑
R	2,000	↑	↑	1 2	2 3	3 4	5 6	7 8	10 11	14 15	21 22	↑	↑	↑	↑	↑	↑

비고 1. ↓ : 화살표 아래의 최초의 샘플링 방식을 사용한다. 만약, 샘플 크기가 로트 크기 이상이면 전수 검사를 실시한다.

2. ↑ : 화살표 위의 최초의 샘플링 방식을 사용한다.

3. Ac : 합격판정 개수

4. Re : 불합격판정 개수

〈참조〉

1. 계수형 샘플링 절차 제1부: 로트별 합격품질한계(AQL) 지표형 샘플링 검사방식(KS Q ISO 2859-1), 국가기술표준원, 14.12.24.

MIL-STD-1916

미 국방성은 샘플링 검사 규격으로 기존의 MIL-STD-105 및 MIL-STD-414를 대체하기 위해 MIL-STD-1916을 모든 국방성 산하 기관에 사용하도록 제정하였으며, 이 규격은 계수형 및 계량형 샘플링 검사규격을 모두 포함하고 있다. 특이한 점은 검사수준이라는 용어대신 검증수준(Verification Level)이라는 용어를 사용한다는 점이다. 또한 품질특성별로 최소 공정능력지수 값을 설정하였다.

표 57 MIL-STD-1916의 품질특성별 최소 공정능력지수 요구사항

검증수준	공정능력지수
치명특성	2.0
중특성	1.33
경특성	1.0

표 58 MIL-STD-1916의 시료문자표

로트크기	검증수준						
	VII	VI	V	IV	III	II	I
2 - 170	A	A	A	A	A	A	A
171 - 288	A	A	A	A	A	A	B
289 - 544	A	A	A	A	A	B	C
545 - 960	A	A	A	A	B	C	D

961 - 1632	A	A	A	B	C	D	E
1633 - 3072	A	A	B	C	D	E	E
3073 - 5440	A	B	C	D	E	E	E
5441 - 9216	B	C	D	E	E	E	E
9217 - 17408	C	D	E	E	E	E	E
17409 - 30720	D	E	E	E	E	E	E
30721 이상	E	E	E	E	E	E	E

표 59 MIL-STD-1916의 시료수

샘플 문자	까다로운 검사	검증수준							수월한 검사
		VII	VI	V	IV	III	II	I	
A	3072	1280	512	192	80	32	12	5	3
B	4096	1536	640	256	96	40	16	6	3
C	5120	2048	768	320	128	48	20	8	3
D	6144	2560	1024	384	160	64	24	10	4
E	8192	3072	1280	512	192	80	32	12	5
주의사항 (1) 로트크기가 샘플수보다 같거나 작은 경우에는 전수검사를 실시한다.									

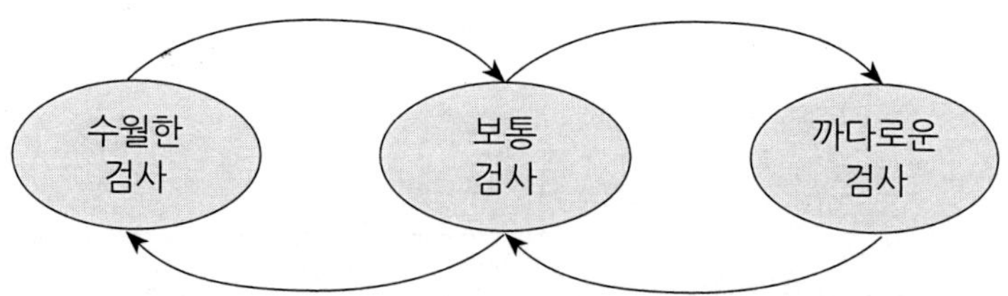

그림 34 MIL-STD-1916 검사엄격도 전환절차

〈참조〉

1. DoD preferred methods for Alleptance of product, Department of Defence, 14.6.5.

조달품질원

조달품질원은 조달청장 소속하의 기관(원장은 고위공무원단에 속하는 일반직 고위공무원 나등급)으로 크게 아래 4개의 사무를 관장한다.

1. 조달물자의 품질관리제도 운영에 관한 사항
2. 조달물자의 품질 및 성능 검사
3. 조달물자에 대한 사전 · 사후 품질관리 업무
4. 그 밖에 조달물자의 품질확보에 관한 사항

조달품질원의 조직은 정원 62명의 품질총괄과 · 납품검사과 · 품질점검팀 및 조사분석팀으로 구성되며, 부서별 주요 업무분장은 표 60과 같다.

표 60 조달품질원 부서별 업무분장 현황

부서	업무분장
품질총괄과	1. 보안 · 관인관수와 문서의 수발 · 분류 · 통제 및 그 밖의 서무 2. 소속 공무원의 임용 · 복무 · 교육훈련 · 연금 및 그 밖의 인사관리 3. 예산, 결산, 회계, 물품 및 국유재산의 관리 4. 조달물자 품질관련제도 운영에 대한 성과관리 기본계획 수립 및 조정

	5. 사업계획 수립 · 종합 및 조정 6. 청사시설관리 7. 품질관련제도 홍보사무 8. 민원사무 9. 중장기계획 수립 10. 품질관련제도 총괄 및 정책조정 11. 조달업체와 수요기관을 대상으로 하는 품질교육 계획 수립 및 실시 12. 조달물자 품질개선을 위한 제도 연구 및 관리 13. 조달물자 품질관리 평가 14. 조달물자 품질관리 우수물품의 지정 15. 조달물자 품질관리위원회의 운영 16. 그 밖에 원내 다른 과 · 팀의 주관에 속하지 아니하는 사항
납품 검사과	1. 조달물자 검사 계획 수립 2. 조달청 검사제도 운영 총괄 및 조정 3. 조달물자의 품질 및 성능 검사 4. 조달청 검사 불합격 조달업체에 대한 사후조치 5. 전문기관 검사제도의 운영 6. 전문검사기관 지정 · 점검 및 평가 7. 전문기관 검사 불합격 처리에 대한 사후 관리
품질 점검팀	1. 조달물자의 품질 점검계획 수립 및 실시 2. 조달물자의 품질 점검결과에 대한 사후 조치 3. 조달물자 표준 계약규격의 제정 · 개정 및 이행 점검
조사 분석팀	1. 조달품질신문고제도 운영 2. 조달물자 하자발생 신고 및 품질개선 제안 접수처리 3. 조달품질신문고 시스템 관리 4. 제조업체 직접생산 확인 제도 운영 5. 제조업체 직접생산 확인 기준표 작성 6. 제조업체 직접생산 여부에 대한 정기 · 수시 검사 7. 조달물자 이화학시험

조달품질원의 품질관리제도는 조달업무 프로세스에 따라 총 5단계, 조달시장 진입단계, 입찰 및 계약단계, 제조단계, 납품검사단계, 사후관리단계로 나뉘며 각 단계별 품질관리제도는 그림 35와 같다.

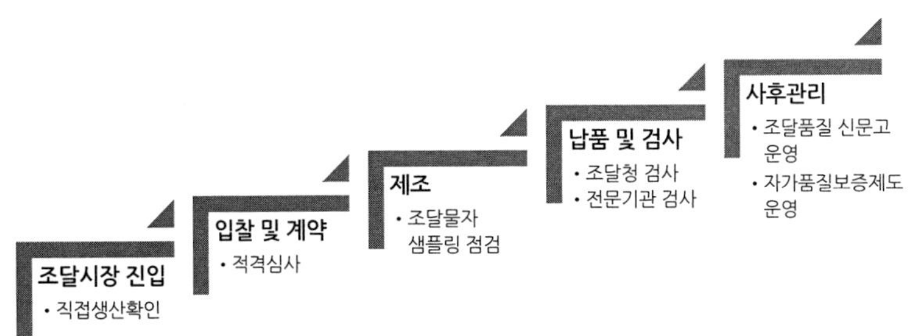

그림 35 조달품질원의 조달업무 프로세스별 품질관리제도

조달시장 진입단계의 직접생산 확인은 부실제도기업의 조달시장 진입 차단을 위하여 소기업 및 공장등록증 보유 기업의 직접생산 여부를 확인하며, 입찰 및 계약단계의 적격심사는 신기술 및 품질관리 우수기업 등을 대상으로 가점(0.5 ~ 1점)을 부여하며, 제조단계의 조달물자 샘플링 점검은 MAS(Multiple Award Schedule, 다수공급자계약) 물품, 조달우수제품의 생산현장확인 및 납품 현장 실사 점검을 수행한다. 또한 납품 및 검사단계의 조달청 검사는 가구류 및 섬유류 등에 대해 조달청 시험시설을 활용하여 이화학 시험 및 검사를 수행하며, 납품 및 검사단계의 전문기관 검사는 국민생활안전과 관련된 주요 물품에 대하여 국가

공인시험기관 검사후 납품을 실시한다. 마지막으로 사후관리단계의 조달품질신문고 운영은 조달물자의 불량 하자신고 및 품질상담 등을 접수 및 처리하는 제도이며, 사후관리단계의 자가품질보증제도의 운영은 품질관리능력이 우수한 업체에 대하여 납품검사 면제 등 인센티브를 부여하는 제도이다.

품질점검 업무 소개

조달물자 품질점검 업무규정에서는 먼저 품질점검에 대해서 '점검공무원이 제조현장, 수요기관 납품장소 등을 직접 방문하여 샘플 또는 전수에 대한 관능검사를 실시하고, 계약상대자와 상호 협의된 기준에 따라 샘플을 채취하여 그 샘플에 대한 시험결과에 따라 적·부를 판정하는 것'이라 정의하였다. 본 정의에 사용된 관능검사란 물품을 사람의 오감을 통해 검사하는 것을 의미하며, 시험이라 하면 이화학시험을 의미하며 물품의 물리적 성질에 대한 시험과 화학적 성분을 분석하는 것을 의미한다.

업무규정 제9조(점검계획서)에 따르면 점검공무원은 먼저 시험항목의 중요도(치명결함, 중결함, 경결함)을 결정한다. 이어 제11조(시료의 채취)에 따르면 KS A ISO 2859 샘플링 검사절차(KS Q ISO 2859-1 계수형 샘플링 검사절차를 의미하는 것으로 파악된다)에 의하여 시험용 시료를 채취하거나 시료비용과 시험·분석비용(이하 '시험수수료'이라 한다)등을 감안하여 제9조(점검계획서)에서 정한 최소의 수량에 시료의 대표성을 부여하는 방법 중 계약 상대자가 선택한 방법으로 시료를 채취토록 되어있다.

제11조(시료의 채취)의 내용은 시료의 대표성 관련하여 문제를 내포하고 있다고 판단된다. KS Q ISO 2859 등의 샘플링 검사 규정은 시료가 로트를 대표할 수 있는 수량의 기준을 통계적으로 정한 것인데, 이 기준이 아닌 점검공무원이 점검에 소요되는 시료개수를 임의로 결정하고, 2859 샘플링과 점검공무원이 결정한 시료개수 2가지 방법 중 계약상대자가 방법을 결정하게 한다면 당연히 계약상대자는 시료수가 적게 나오는 방법을 택할 것이다. 왜냐하면 시험이라고 하는 것은 시료의 개수의 비례하여 시험시간, 시험비용 및 제조로트에 대한 대표성이 증가하기 때문이다.

생산자 위험(규격적합 제조로트에 대해 시료를 채취하여 시험한 결과가 규격미달이여 규격미달 제조로트로 판단하는 경우) 및 소비자 위험(규격미달 제조로트에 대해 시료를 채취하여 시험한 결과가 규격적합이여 규격적합 제조로트로 판단하는 경우) 간 trade-off 관계를 고려하여 결정된 것이 2859 샘플링 방법인데, 추가로 점검공무원이 시료개수를 결정할 수 있게 한 것은 계약상대자로 하여금 점검공무원의 결정에 의존하는 상황을 초래할 것으로 예상된다. 특히 납기촉박계약일 경우 계약상대자는 2859 샘플링 방법 대신 더욱 점검공무원에 의존할 것이다.

샘플링검사 관련 업무규정

먼저 조달청 검사 및 이화학시험업무 규정에 의하면 점검공무원은 동일한 조건하에서 제조된 동일한 형태, 등급 및 크기의 아이템으로 균일성 있게 구성하여 로트를 구성하며 물품의 중요도, 검사의 난이도, 검사비용 및 인력 등을 고려하여 완성된 제품의 경우 전수검사 혹은 샘플링 검사방법 중 선택한다. 각 검사방법의 선택기준은 표 61과 같다.

표 61 검사방법 선택기준

전수검사	샘플링 검사
1. 손쉽게 검사할 수 있을 때 2. 로트의 크기가 작을 때 3. 부적합품의 혼입이 전혀 허용되지 아니할 때 4. 고가품일 때 5. 기타 필요하다고 인정할 때	1. 검사항목이 많거나 검사비용의 과다소요로 전수검사를 하기가 곤란할 때 2. 연속체이거나 대량품일 때 3. 파괴시험을 하여야 할 때 4. 기타 전수검사가 불가능할 때

이후 시험용 샘플은 한국산업규격 KS Q ISO 2859-1에서 정한 수량을 채취하며, 이화학시험 결과에 대하여는 한 로트 또는 객관적으로 로트구분이 불가능한 검사대상 수량(전량을 한 로트로 본다)에서 채취한 샘플이 2개 이상일 때에는 따로 정한 판정기준이 없는 한 그 중 1개라도 불합격이면 그의 전량을 불합격으로 판정토록 되어 있다(이는 기존의 샘플링 방법론에서 채택하고 있는 Zero Acceptance 판정기준과 동일함). 이러한 일련의 샘플링 수행절차를 그림으로 나타내면 그림 36과 같다.

그림 36 조달품질원 샘플링 검사 수행절차

조달청 검사 및 이화학시험업무 규정 [별표1] 샘플링 검사 실시기준에 따른 샘플링 검사에 필요한 요소들을 정리하면 표 62와 같다.

표 62 샘플링 검사시 적용되는 기준

샘플링 검사방법	KS Q ISO 2859-1 계수형 샘플링
랜덤 샘플링 방법	KS Q 1003의 계통샘플링
부적합 분류	중부적합 및 경부적합 - 중부적합(실용성 감소): 이화학시험 사항 - 경부적합(사용성 감소): 관능검사 사항
샘플링 횟수	1회
검사엄격도	보통 검사
합격품질수준(AQL)	표 63 참조
검사수준	관능검사: 통상검사수준 II 이화학시험: 특별검사수준 S-1 ※필요시 조정가능
합격판정기준	무결점 판정 기준

표 63 분류별 합격품질수준(AQL)

구 분 (대분류)	합격품질수준(AQL)		비 고 (참조 : 적용품류)
	경불량품 (비파괴검사) (관능검사)	중불량품 (파괴검사) (관능, 이화학시험)	
10분류	4.0	1.0	산동식물 및 동식물성 생산품, 광물,직물 및 비식용동식물 자원, 화학제품, 수지, 고무, 탄성 중합체, 종이원료 및 종이제품, 연료, 연료첨가제, 윤활유및방부식제
20분류	6.5	1.5	광산기계 및 액세서리, 농·수·임·축산용 기계, 건축건설기계 및 보조용품, 산업용 제조가공기계 및 액세서리, 물품취급·조정·저장기계, 액세서리 및 소모품, 상용·군용·개인용 운송기구 및 액세서리와 부품, 회전기기 및 경전기, 공구 및 범용기계
30분류	4.0	1.0	건자재, 제조부품, 전자부품 및 소모품, 전기시스템, 조명, 부품, 액세서리 및 보조용품
40분류	6.5	1.5	배관유체조절시스템장비 및 부품, 실험실용실험·측정·관측 및 검사기기, 의료용기기, 정보기술방송 및 통신기, 사무용 기기·액세서리 및 용품, 인쇄·사진 및 시청각 기기, 공공안전 및 치안장비, 위생장비 및 용품, 서비스업용 기계장비 및 용품, 스포츠 및 레크리에이션 장비용품 및 액세서리

50분류	6.5	1.5	식음료품 및 담배제품, 의약품, 가정용품 및 가전제품, 의류·가방 및 개인관리용품, 시계·보석 및 원석제품, 출판물, 가구 및 관련제품
60분류	2.5	0.65	악기, 게임, 장난감, 미술작품, 공예품, 교육용 장비, 교재, 교육용품 및 교육용 보조품

〈참조〉

1. 조달청과 그 소속기관 직제, 조달청, 16.2.3.
2. 조달품질원 홈페이지, www.pps.go.kr, Access 16.2.20.
3. 조달물자 품질점검 업무규정, 조달청, 13.9.2
4. 조달청 감사 및 이화학시험 업무규정, 조달청, 13.3.19.

방사청 규정 및 규격

▶ 방사청 소개

방위사업청은 방위력 개선사업, 군수품 조달 및 방위산업 육성에 관한 사업을 관장하기 위한 국방부 장관 소속의 정부기구로 2006년 1월 1일 설립되었고, 수요부서의 조직도는 표 64와 같다

표 64 방위사업청 주요부서

획득기획국	획득정책과 획득기반과 기술기획과 절충교역과
방산진흥국	방산정책과 방산지원과 국제방산협력과 수출진흥과

분석평가국	사업분석과 인증기획과 표준기획과
사업관리본부	계획운영부 지휘정찰사업부 기동화력사업부 함정사업부 항공기사업부 유도무기사업부
계약관리본부	계획지원부 국제계약부 무기체계계약부 장비물자계약부 원가회계검증단

방위사업청에서 규격 관련 업무를 수행하는 부서는 계약관리부 산하의 계획지원부로 군수품 규격화 및 국방규격의 관리 및 보급 등의 업무를 관장한다. 또한 분석평가국은 민·군규격통일화사업에 관한 사항을 관장한다. 방위사업관리규정 제338조(규격·목록정보) ①항에 의하면 군수품 조달을 위한 규격의 적용은 국방규격을 우선 적용함을 원칙으로 하고, 특정조달품목의 규격은 국제규격을 우선 적용토록 되었다.

C.3.4.6.1 품질적합성 검사 샘플링

규격서에는 성능의 입증 및 호환성 확보를 위한 최소한의 샘플링 조건, 합격품질수준만을 명시한다. 일반적인 치수검사 조건은 가능하면 포함하지 않도록 하며 계약서상의 품질보증 항목에 명기하거나 계약업체의 자체품질계획에 포함하여 제출하도록 하고 규격서에는 명기하지 않을 것을 권장한다.

국방규격의 서식 및 작성에 관한 지침에 의하면 검사와 시험에 따르는 결점의 분류는 KS A ISO 2859에 따라 치명결점, 중결점, 경결점 등으로 분류하고 각각의 결점에 대하여 합격품질수준(AQL)을 결정하여야 한다로 명시되어 있다. 또한 결함의 분류에 대해서는 아래 표와 같은 기준을 정하여 결함을 분류하고 있다.

표 65 국방규격의 결함분류

1~99	치명결점
101~199	중결점
202~299	경결점

하지만, 결함분류에 따른 KS Q ISQ 2859 샘플링 검사를 위한 구체적인 기준(검사수준, AQL 등)은 방위사업청 규정에서 찾아볼 수 없었다. 다만 방위사업청 출연 전문연구기관인 국방기술품질원에서 2015년 9월 발간한 '신규 계약업체 지원을 위한 군수품 품질보증 워크북'에서는 표 66과 같이 합격품질한계(AQL)를 권장하였다. 하지만 이 역시 랜덤 샘플링 방법, 샘플링 횟수, 검사 엄격도 및 검사수준 관련 정보가 부족함에 따라 실제 어떠한 형태로 샘플링 검사가 이루어지는지는 파악하기 어려운 실정이다.

〈참조〉

1. 방위사업청 홈페이지, www.dapa.go.kr, 16.6.
2. 방위사업 관리규정, 방위사업청, 15.12.30.
3. 국방규격의 서식 및 작성에 관한 지침, 방위사업청, 12.10.26.
4. 신규계약업체 지원을 위한 군수품 품질보증 워크북, 국방기술품질원, 2015.9.
5. 군수품 제품확인 감사 기준 정립을 위한 제언, 안남수, 2015.9.

표 66 결함에 따른 합격품질한계

결함분류	AQL(%)
치명결점	전수검사 또는 0.1 이하
중결점 A	0.25 이하
중결점 B	2.5 이하
경결점	4.0 또는 6.5 이하

표 67 샘플링 검사 시 적용되는 기준

샘플링 검사방법	KS Q ISO 2859-1 계수형 샘플링
랜덤 샘플링 방법	-
부적합 분류	치명, 중, 경부적합 - 치명부적합: 생명 및 재산에 피해 - 중부적합: 의도한 기능 발휘 어려움 - 경부적합: 제품의 가치 저하
샘플링 횟수	2회
검사엄격도	수월한 검사
합격품질수준 (AQL)	치명부적합: 0.4 중부적합: 1.0 경부적합: 4.0
검사수준	비파괴(관능)검사: 일반검사수준 I 파괴검사(이화학시험): 특별검사수준 S-1 ※필요시 조정가능
합격판정기준	무결점 수락

다만, 15년도 품질경영학회지에 실린 논문 '군수품 제품확인감사 기준정립을 위한 제언'에서는 국방 분야에서 샘플링 검사 수행시 명확한 샘플링 기준이 없음에 따른 문제점을 인식하고, 표 67과 같은 KS Q ISO 2859-1 계수형 샘플링 검사를 활용한 기준 정립을 제반하였다.

DCMA 규정

▶ DCMA 소개

DCMA(Defense Contract Management Agency)는 미 국방성 산하의 기관으로 국방성, 연방, 그리고 정부기관에 조달물자 및 서비스를 적절한 비용, 성능 요구조건 충족, 적시 공급 등을 목표로 설립된 기관이다. 미 정부와 업체 간 계약 전에는 효율적인 계약이 되기 위한 정보제공(잠재적 위험도 평가, 유능한 계약업체 선정 등)의 업무를 수행하며, 계약 이후에는 계약업체의 성과 및 시스템의 목표 비용, 성능요구조건, 그리고 납품 일정이 계약요구조건을 충족하고 있는지 여부를 지속적으로 모니터링한다.

DCMA의 경우 15.6.30일 기준 민간인은 11,415명 및 군인은 507명 등 총 11,922명이며, 345,300건($223 billion)의 계약을 처리하고 있는 것으로 알려졌다.

DCMA는 군수품의 중요도, 위험의 발생가능성과 위험에 따른 영향을 평가하여 식별된 위험을 완화하는 방법으로 군수품에 대한 정부품보활동을 수행한다. 정부품보활동은 크게 제품검사, 공정검토 및 시스템 감사 등 3가지 방법이 사용되고 있다. DCMA의 제품검사는 부적합품의 검출을 위해 사용되는 기법이며, 공정검토는 부적합품을 예방하기 위한 기법으로 활용된다.

또한 제품검사기법은 가능한 제품의 양산 초기단계에 계획되고 실행되는 것을 권장하며, 업체의 납품실적이 안 좋은 경우도 제품검사기법이 권장된다.

DCMA의 경우 샘플링 검사를 위해 Zero based 샘플링 기법(샘플 중 불량이 하나라도 검출 시, 해당 로트 불합격 처리)을 적용하며, 합격품질한계(AQL)는 제품의 품질특성에 따라 다르다(표 68).

표 68 DCMA에서 적용하는 합격 품질한계(AQL)

제품/품질특성	합격품질한계 (AQL%)	비고사항
○ 중요(CSI) 품목의 치명특성 (CSI, Critical Safety Item)	0.4%	○ 수월한 검사 적용 불가 ○ 엄격한 검사는 0.25% 적용
○ 복잡한 품목 또는 CSI 품목은 아니지만 중요품목 ○ DCMA에서 중요 품질특성이라 구분한 품목	1.0%	○ 수월한 검사는 1.5% 적용 ○ 까다로운 검사는 0.65% 적용
○ 복잡하지 않으며 중요하지 않은 품목	4.0%	○ 수월한 검사는 6.5% 적용 ○ 까다로운 검사는 2.5% 적용

또한 특이한 점은 엄격도 전환 규칙을 반드시 사용토록 명기되

어 있는 점이다.

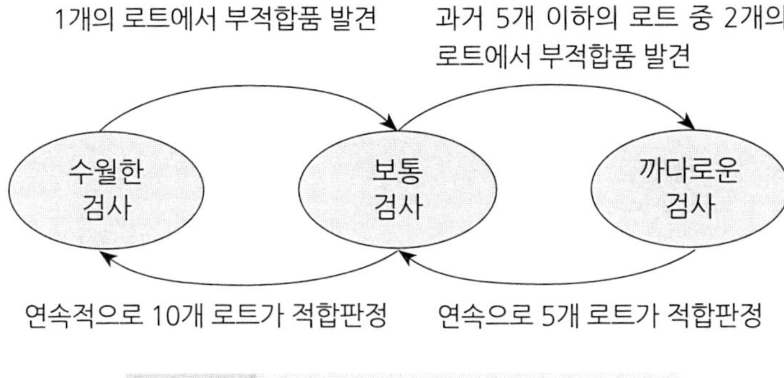

그림 37 DCMA의 검사 엄격도 전환규칙

또한 DCMA의 경우 군수업체가 매우 뛰어난 조달 실적을 보였을 경우 일부 로트의 검사를 생략하는 스킵로트 샘플링 검사를 사용하는 것을 허용한다(단, 한번이라도 부적합으로 판정되는 로트 발생 시 중단된다). 스킵로트 규칙을 정리하면 아래 표와 같다.

표 69 DCMA에서 적용하는 합격품질한계(AQL)

로트 검사 감소율	설명
50% (2로트중 1로트만 검사)	고객이 요구한 샘플링 검사 조건하에서 연속으로 4개의 로트가 적합 판정시
25% (4로트중 1로트만 검사)	50% 로트검사 감소상황에서 연속으로 3로트가 적합판정시
12.5% (8로트중 1로트만 검사)	25% 로트검사 감소상황에서 연속으로 3개로트가 적합판정시

〈참조〉
1. DCMA 홈페이지, www.dcma.mil, 16.2.17.

2. GCQA Surveillance Planning, DCMA, 15.3.23.
3. DCMA Sampling guidance, DCMA.

문제를 제기한 사람이 답을 찾는다

"흠, 확실히 국방 분야 규격이 민수 혹은 미국의 샘플링 제도와 비교하면 무언가 체계적이지 않고, 올바른 정보들이 많이 부족한 것 같네요."

TF 팀장은 강 팀장이 제시한 자료들을 보면서 한숨을 쉬면서 얘기했다.

"지금까지는 관습 혹은 관행이라고 불리는 기준을 적용하거나 검사하는 사람의 주관이 많이 개입되었겠군요. 그럼 귀사에서 제안하는 국방규격의 샘플링 검사를 정비하기 위한 대안은 무엇인가요?"

강 팀장은 준비한 듯이 슬라이드를 넘겨보았다.

"가장 시급한 일은 모든 국방규격에서 치명, 중, 경결함에 대한 분류의 선행이 이루어져야 한다는 것입니다. 치명 결함은 해당 기능이 미동작시 생명 및 재산에 피해가 발생하는 것, 중 결합은 의도한 기능 발휘에 어려움이 발생하는 것, 마지막으로 경결함은 제품의 가치를 저하하는 것을 의미합니다."

TF 팀장은 고개를 끄덕였다.

"다음으로 할 일은 결함별로 합격품질한계(AQL)을 정하는 것이며, 이는 파괴/이화학시험/장시간/고비용 시험과 비파괴/육안, 관능/단시간/저비용 시험으로 구분하여 검사수준을 정하는 일입니다. 저희가 생각한 검사수준은 다음과 같습니다."

표 70

	검사수준	합격품질한계(AQL, %)		
		국방분야 제안	DCMA	조달청
치명	ㅇ파괴: S-1 ㅇ비파괴: G-I	0.1	0.4	해당없음
중	ㅇ파괴: S-1 ㅇ비파괴: G-I	2.5	1.0	0.65 ~ 1.5
경	ㅇ파괴: S-1 ㅇ비파괴: G-I	4.0	4.0	2.5 ~ 6.5

강 팀장은 TF 팀장의 동의를 구하고자 쳐다보았다.

"팀장님도 보시다시피 저희가 제안한 합격품질한계는 미국의 기준보다 동등하거나 혹은 더 엄격합니다."

그때 국과기술연구원 안영준 책임연구원이 질문을 이었다.

"검사수준은 어떤가요? 저희가 일반적으로 사용하는 검사수준과 다른 것 같은데, 일반적으로 비파괴검사는 G-II를 쓰지 않나요?"

이 질문 역시 강 팀장은 예상했다.

“보시는 것처럼 조달품질원의 경우 이화학시험은 특별검사수준 S-1을 기본값으로 관능검사는 일반검사수준 G-II를 기본값으로 합니다. 하지만 저희 판단으로는 검사수준보다 중요한 것은 합격판정 기준이라고 생각합니다. 따라서 저희는 최근 군수품의 무결점 품질 정책에 부합하고자, 검사수준은 낮추는 대신에 합격판정 기준은 모두 무결점 수락 기준의 도입, 즉 불량이 하나라도 나오면 해당 로트를 불합격 처리하는 것을 제안합니다.”

대한은 어제 강 팀장과의 토론과정을 떠올리며 치밀한 사람들이라는 생각을 했다.

“흠, 검사수준을 최대한 낮추자. 그러면 시료 수가 줄어들 거야. 파괴는 S-1, 비파괴는 G-I 정도면 어떤가?”

“일반적으로 파괴는 S-3, 비파괴는 G-II를 적용하는데요. 반발이 있지 않을까요?”

“대신 합격판정 기준을 다 Zero로 가져가면 어떨까? 미국은 그렇게 한다면서?”

“그러면 불량이 허용되어 들어갈 수 있던 로트도 다 납품중단 되는거 아닙니까?”

“이 사람아, 불량 하나라도 나면 다 시정요구 받고, 조치하고, 재발방지방안 수립하고 하잖아. 어차피 불량 포함된 채로 납품된 적이 한 번이라도 있었나?”

“네. 그렇네요.”

"합격판정 기준을 Zero로 가져가자고. 어차피 똑같아."

마치 시나리오처럼 움직이는 회의 같았다.

국가과학연구원의 한 선임 연구원이 물었다.

"업체의 수준 혹은 기술력에 따라 검사하는 샘플 수의 범위를 조절하는 것은 어떻게 할 생각인가요?"

역시 어제 논의된 내용이었다.

"국과연이나 국기원에서 자신들의 조절할 수 있는 범위를 달라고 할 텐데 뭐로 줄까요?"

"검사 엄격도와 샘플링 횟수로 주자고. 우리가 까다로운 검사로 갈 일은 없고, 샘플링 횟수는 기본이 1회니까 더 커지면 커질수록 우리가 유리하잖아."

"네, 만일 정부 측에서 보시기에 업체의 수준이 높다고 판단되시면 수월한 검사 혹은 샘플링 횟수를 2회로 적용하시면 되고, 업체의 수준이 낮다고 판단 시에는 까다로운 검사를 적용하시면 됩니다."

"지금 얘기한 내용을 실제 사례로 비교하면 어떤가요?"

"예 로트크기를 15000, 중결점 비파괴 검사항목이라고 가정하겠습니다. 그러면 합격품질한계는 2.5% 그리고 검사수준은 G-I이 됩니다. 이때 검사 엄격도 및 샘플링 횟수별 시료 수 및 합격판정 기준은 다음과 같습니다."

표 71 검사엄격도 및 샘플링 횟수 조절에 따른 시료수 및 합격판정기준

	o 로트크기: 15000 o 검사수준: G-I o 합격품질한계 : 2.5%
수월한 검사	o 샘플수 : 50 o 합격판정개수 : 5 o 불합격판정개수 : 6
보통검사	o 샘플수 : 125 o 합격판정개수 : 7 o 불합격판정개수 : 8
까다로운 검사	o 샘플수 : 125 o 합격판정개수 : 5 o 불합격판정개수 : 6
2회 샘플링 보통검사	o 1회 - 샘플수: 80 - 합격판정개수 : 3 - 불합격판정개수 : 5 o 2회(1회에서 불합격품이 4개 발생시) - 시료개수: 80 - 합격판정개수 : 9 - 불합격판정개수 : 10

TF 팀장은 주위를 둘러보며 말했다.

"이 정도면 합리적인 것 같은데, 다른 분들 의견은 어떠십니까?"

다들 별다른 의견이 없자 강 팀장은 다시 얘기했다.

"보시는 것처럼 현재의 합격판정개수 기준은 1보다 큽니다. 즉 불량이 나와도 해당 제품을 교환하고 나면 납품할 수 있지만 저희는 합격판정개수를 모두 0으로 바꾸는 것을 제안합니다. 이는 저희 업

체 입장에서 보면 무척 큰 부담이지만, 군수품의 무결점 품질을 확보하기 위해 변경을 제안합니다."

강 상무의 논리는 무척 정결했으며 반박하기 쉽지 않았다.

"또한, 저희는 정부기관의 샘플링 검사규격을 쉽게 적용케 하기 위해 스마트폰 기반의 앱을 프로토타입으로 개발하였습니다. 그래서 검사관님들은 간단히 숫자만 넣으면 샘플 수와 합격판정 기준을 구할 수 있습니다."

TF 팀장이 감탄하며 말했다.

"오! 저것만 있으면 현장에서 쉽게 업무를 처리할 수 있겠네요."

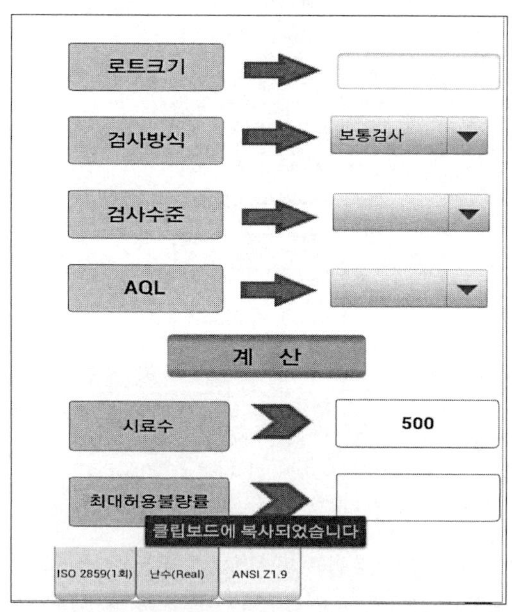

그림 38 2859-1 샘플링 규격의 스마트폰 앱

그렇게 회의는 마무리되었다. 특별한 이견 없이 모두 국방규격을 제안한 대로 일괄 변경키로 하였다. 다만 국방규격의 양이 많으므로 이를 일시에 수정하는 것은 어려우므로 계약이 진행 중인 건부터 해당 국방규격을 수정/적용하기로 결론지었다.

한 사건의 마무리는 또 다른 사건의 시작

그날 저녁 대한의 품질보증팀에서는 회식이 열렸다. 국방규격이 일시에 수정됨에 따라 현재보다 대략 30% 정도의 시료 수를 절감 가능하게 되었으며, 그에 따른 시간 및 비용 절감 효과를 누릴 수 있게 되었다.

"자, 모두 들어서 알고 있겠지만, 오늘 회식은 주인공이 많습니다. 먼저 이번 국방규격 T/F관련 우리의 안을 만들고 자료를 준비한 1, 2 파트장 그리고 짧은 시간에 스마트폰용 2859-1 샘플링 검사 앱을 만든 전산체계팀의 유영석 연구원, 그리고 현 국방규격의 샘플링 검사 사례들을 수집하고 분석하여 데이터로 정리한 1, 2 파트원들, 그리고 민수분야 샘플링 검사사례를 조사한 3파트원들, 마지막으로 이번 건에 대한 아이디어를 제공한,"

강 팀장이 말을 뜸을 들였다.

"1 파트 대한 군. 자 이 사람들을 대표해서 대한 군이 건배 한 번 제의하지. 입사해서 이것저것 다 생소했을 텐데 문제의식을 느끼고 현장을 바라봐줘서 정말 고맙게 생각하네. 대한 군도 느꼈겠지만, 회사 일은 결국 팀워크가 중요하다는 걸 앞으로도 잊지 않기를 바라네."

대한은 술잔에 술을 가득 채우고 자리에서 일어났다.

"예. 1 파트 대한입니다. 이제는 제 이름 모르시는 분은 없으리라 생각됩니다."

"건배 제의이므로 옆에 분들 술잔을 점검하여 주시기 바랍니다."

"사실 입사한 지 이제 한 달이 겨우 지났습니다. 그동안 귀엽게 봐주시고 이끌어주신 선배님들께 진심으로 감사드립니다. 지금까지 많은 것을 배웠고, 앞으로도 배우겠습니다. 감사합니다. 사랑합니다. 선배님들 건배사는 고사리로 하겠습니다."

다들 대한을 쳐다보았다.

"운을 떼어 주십시오."

"고"

"고생하셨습니다."

"사"

"사랑합니다."

"리"

"이해합니다."

"캬!"

주위에서 탄성이 터져 나왔다. 그리고 모두 즐거운 마음으로 잔을 부딪치며 술잔을 비웠다.

'크, 오늘 나한테 건배사를 시킬 줄 알고 네이버를 검색해 보길 잘했네'

오늘 회식 자리는 정말 유쾌했다.

다들 대한을 칭찬해 주었으며 선배들이 대한을 불러서 술을 한잔씩 주었다.

평소에는 술잔을 비우지 않던 강 팀장도 파트장들이 권하는 술을 마다치 않았다.

갑자기 누군가의 전화벨이 울렸다. 대한은 처음 입사 시 자신의 스마트폰 벨 소리가 사무실에 울려 퍼진 기억을 떠올리고는 스마트폰을 확인했지만, 다행히 아니었다.

"아, 이거 미안하네. 내가 진동으로 안 바꿔 놓았구먼."

강 팀장 스마트폰이었다.

"본사 홍보팀인데, 아무래도 받아야 할 것 같네. 잠시만."

강 팀장은 고개를 돌리고 스마트폰을 받았다.

"응? 사고? 어디서? 사망자가 발생한 거야? 일단 사고내용 요약된 거 카톡으로 보내줘."

강 팀장의 얼굴이 굳어져 갔다. 그리고 옷을 입으며 자리를 일어났다.

"이거 회식 분위기를 깨는 것 같아서 미안한데, 1, 2 파트장은 나하고 사무실 좀 같이 들어가야 할 거 같아. 여기하고 2차 계산은 내가 할 테니 즐거운 시간 보내고. 3 파트장은 법인카드 줄 테니까 파트원들 잘 챙기고, 마무리하라고."

"사고 났습니까?"

강 팀장이 짧게 대답했다.

"투하탄, 대구 신병훈련소, 2명 사망이야."

사망이라는 단어가 퍼지자 모두 조용해졌다.

국방부 "'대구 폭발사고' 동종 수류탄 전량 회수"

국방부가 지난 11일 대구 신병훈련장에서 폭발사고를 일으킨 수류탄과 같은 생산 라인에서 만들어진 수류탄 5만5000여발을 전량 회수해 정밀 검사를 진행하기로 했다.

국방부 관계자는 16일 "대구 신병훈련장 폭발사고의 수류탄과 로트 번호(생산연도와 생산라인 등을 문자와 숫자로 표기한 것)가 같은 수류탄 5만5000여발을 다 회수하기로 했다"고 밝혔다.

그는 "이 가운데 약 1000발은 폭발시켜 문제가 있는지 파악하고 나머지 약 5만4000발은 신관을 본체와 분리해 비파괴검사를 진행할 계획"이라고 설명했다.

비파괴검사는 엑스레이 등을 활용해 수류탄을 폭발시키지 않은 채 이상 여부를 검사하는 작업이다. 이번에 문제가 된 수류탄은 2005년 생산된 '경량화 세열 수류탄' 인 것으로 알려졌다.

작년 9월 경북 포항시 해병대 교육훈련단의 수류탄 투척 훈련장에서 폭발한 수류탄도 이번 사고 수류탄과 로트 번호가 같은 것으로 확인됐다.

당초 국방부는 이번에 문제가 된 수류탄 5만5000여발 가운데 2020발을 샘플로 추출해 비파괴검사를 실시할 예정이었으나 안전 우려가 커지자 전량 회수로 방침을 바꿨다.

국방부는 전량 회수한 이들 수류탄을 조사 결과와는 상관없이 향후 완성탄 폭파 시험 등에 활용하고 일선 부대에는 다른 수류탄을 교체 지급하기로 했다.

국방부는 대구 신병훈련장 폭발사고의 수류탄과 로트 번호가 다른 나머지 수류탄들에 대해서도 로트 번호별로 샘플을 추출해 비파괴검사를 할 예정이다.

국방부 관계자는 "이들 수류탄도 과거보다 2배 이상의 엄격한 기준을 적용한 안전검사를 거쳐 안전성이 보장된 다음에야 사용 중지 조치를 해제할 것"이라고 설명했다.

군은 현재 전 부대에서 실 수류탄 투척 훈련을 중단하고 연습용 · 훈련용 수류탄으로 훈련을 진행 중인 것으로 알려졌다.

국방부 관계자는 "장병의 생명과 직결된 문제인 만큼, 한 치의 오차도 없도록 철저히 조사할 방침"이라며 "이번 사고 조사 진행 상황에 따라 적절한 추가 조치를 내놓을 것"이라고 강조했다.

대구 신병훈련장에서는 지난 11일 수류탄 투척 훈련 중 수류탄이 갑자기 터져 교관 김모 중사(27)가 숨지고 손모 훈련병(20)과 박모 중사(27)가 다쳤다.

<출처>
1. 수류탄 폭발사고, 경향신문, 15.9.16.

며칠째 야근이 계속 이어졌다.

투하탄 사고의 특성상 사고 이후 증거물, 즉 무엇이 원인이 되어 폭발했는지 추정하기는 무척 어려운 문제였다. 목격자들의 증언만을 토대로 원인을 찾아야 하는데, 훈련병사들 모두 자기 투하탄 투척에 온 정신이 집중된 만큼 사고가 난 훈련병이 어떻게 투하탄을 잡고 있었는지, 사고 당시 뇌관에서 틱 하는 소리가 났는지 아닌지 등을 확인하기는 거의 불가능에 가까웠다.

하지만 사망자가 발생한 만큼 어떻게든 원인을 찾고 제품 혹은 국방규격을 개선해야 했다. 회사 측은 훈련병이 긴장함에 따라 자신도 모르게 소위 '더블클릭', 즉 무의식적으로 안전손잡이를 잠깐 놓쳤다가 다시 잡은 상황을 생각하지만, 이 역시 아무런 증거나 증인은 없었다.

대한은 해당 품목 담당자가 아니었지만, 같은 팀 선배들이 매일 밤샘작업을 하면서 국방규격의 이상 유무, 원재료, 작업자, 공정, 설비,

완제품, 포장, 보관 상태 등의 이상 가능성을 쉼 없이 검토하는 모습을 보고 자신이 도움이 못 되는 것에 미안한 마음이 들었다.

더군다나 아침마다 정문 앞에서 마주치게 되는 1인 시위를 하는 사망 훈련병 부모님의 일인시위 모습은 출근길을 힘들게 하였다. 가슴에 걸린 피켓에는 "죽은 아들 살려내라."는 글귀가 적혀 있었다.

'우리나라 대한민국의 국방력을 강화하기 위해서 회사에 입사했지만 훈련병 부모님에게는 나 역시 살인자 집단의 한사람으로 여겨지겠지.'

대한의 마음은 무거웠다. 이는 팀원 모두 마찬가지인 듯했다. 팀 내 대화가 줄었으며, 예전에는 삼삼오오 모여서 티타임도 가졌었지만 사고 이후에는 모두 사라졌다. 당연한 얘기지만 일체의 회식도 사라졌다. 모두 한시라도 빨리 원인을 찾아내어 개선하고 이를 통해 두 번 다시 이러한 사고가 안 생겼으면 하는 바람이었다.

정확한 증거나 증인이 없으므로 다양한 추정원인이 나타났다가 분석되고 다시 사라지는 작업이 계속되었다.

강 상무는 여기저기 상부 기관에 불려 다니면서 같은 설명을 반복하는 것 같았다. 어느 날 강 상무는 무척 지친 표정으로 1파트원을 모두 소회의실로 불러 보았다.

"다들 들어서 알겠지만, 소요군에서는 신관 지연시간이 국방규격에서는 2~5초로 되어있는데, 이게 제조 불량으로 인해 더 짧아졌을 가능성을 생각하고 있는 것 같아. 그래서 안전손잡이를 놓자마자 손에서 바로 터졌다는 거지."

"저희가 투하탄의 지연시간을 시험하고 나면 투하탄을 못 쓰게 되는 파괴시험임에도 불구하고 검사수준 G-I 합격품질한계(AQL) 2.5%로 시험하고 있지 않습니까? 지금까지 신관 지연시간에서 불량이 나온 적이 한 번도 없는데요."

1 파트장이 볼멘 목소리로 대답했다.

"소요군에서는 어차피 샘플로 검사하니까 검사 안 한 나머지 투하탄에서 제조 불량이 있을 수 있다고 생각하고 있는가봐."

"시험하면 투하탄을 못 쓰는데, 그럼 어떻게 하자는 건지 모르겠네요. 제조된 모든 투하탄을 다 시험해야 하는 건가요……."

1 파트장은 한숨을 푹 쉬면서 대답했다.

"사망자가 발생하다 보니 어떻게든 이해할 만한 무언가가 있어야겠지."

"사업장장님은 어떠세요?"

"본사에서도 빨리 해결하라고 여러 루트로 압박이 들어오시겠지. 안 봐도 비디오 아니겠어?"

투하탄 사고 발생 이후 모든 투하탄은 제조 및 납품이 멈춘 상태였다. 그에 따른 손실이 점차 커짐에 따라, 조속히 사고를 마무리하고 생산 및 납품을 재개 못 하게 되면 자금회전에 문제가 발생한다는 것이었다.

"혹시 누구 좋은 아이디어 있나?"

다들 강 상무와 눈을 마주치기를 꺼렸다.

"일단 이렇게 생각을 해보자. 제품에 문제가 있다는 것을 밝히기 어려우면, 제품에 문제가 없다는 것을 증빙하는 쪽으로 생각을 바꿔 보자. 사실 그럴지도 모르지. 내일 같은 시간에 생각들 좀 해보고 회의실에서 다시 보자. 이상."

강 팀장은 무척 피곤한 목소리로 회의를 마무리하고 일어섰다. 파트장들은 모두 물을 흠뻑 머금은 스펀지처럼 의자에 등을 기댄 채 일어날 생각을 못 했다.

"1파, 뭐 나온 거 있어?"

"있을 리가요."

"2 파트에서는 있습니까?"

"혹시나 해서 투하탄 신관 지연시간 시험 당시 데이터들 수천 개를 일일이 확인했는데, 모두 국방규격 이내 즉, 2에서 5초 사이에 들어왔어. 대부분 3~4초 사이에 터졌고. 국방규격이 2~5초인걸 감안하면 안정적인 거 같은데... 그거 수천 개 데이터 들여다보고 혹시나 해서 엑셀로 정리하느라고 우리 박 주임하고 김 선임이 고생했지."

대한은 그때 머릿속을 스쳐 지나가는 것이 있었다.

"2 파트장님, 지연시간 측정 데이터가 파일로 있나요?"

2 파트장이 대한을 바라보았다. 지난번 일이 있고나서는 대한을 바라보는 시선이 더 따뜻해졌다.

"응, 이번에 엑셀로 과거 3년 치 데이터를 로트별로 다 정리했어. 필요하면 메일로 보내줄게."

"네. 보내주시면 한번 분석해 보겠습니다."

"그래. 한번 해보라고."

대한의 머릿속에 떠오른 것은 예전 수업시간에 들었던 관리도였다. 교수님은 자신의 신용카드 사용액을 관리도 그래프를 그려서 관리한다고 했다. 신용카드 사용액을 그냥 매월 숫자로 보게 되면 내가 돈을 점점 많이 쓰고 있는지, 적게 쓰고 있는지 알 수가 없다고 했다. 그래서 본인의 신용카드 사용액의 경향을 보기 위해 관리도를 그린다고 했다.

관리도란 가로축은 시간을 세로축에는 측정값을 기록하여 데이터들이 어떤 경향으로 움직이는지 보는 것을 말한다.

그래프를 그리게 되면 표로는 보이지 않았던 이명박 후보의 지지도는 점점 상승추세이며, 박근혜 후보는 지지율이 정체되고 있음을 알 수 있다.

표 72 대선후보 지지도(중앙일보, 07.02.01.)

이명박	박근혜	정동영
32	20.8	2.3
28.5	23.4	6.9
34.5	20.7	2.8
34.4	20	4.5
37.1	19	1.9
38.7	23.7	3.5
40.4	19.7	3.5
41.5	26.4	5.1
43.2	22	4.7
42.1	23.9	4.6

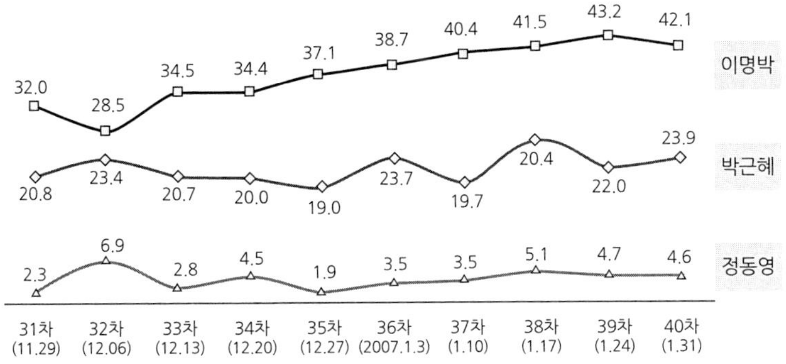

그림 38 대선후보 지지도 그래프

대한은 다시 안상수 교수의 연구실에 들렀다. 여전히 안 교수는 무언가하고 있었고, 그 작업은 그가 좋아하는 튀김과 콜라와 함께였다.

"흠……. 그래 사실 소요군 입장에서 원하는 건 투하탄에 문제가 있다는 증거 혹은 투하탄에 문제가 없다는 증거 아무 증거든지 상관없을지도 모르겠네."

"우리 회사가 30년 넘게 생산한 제품이거든요. 물론 완벽할 수는 없겠지만, 매번 투하탄도 무척 많은 양을 샘플링 검사를 통해서 지연시간을 측정하는데 늘 국방규격에서 요구하는 지연시간의 범위보다 더 좁은 범위 안에서 지연시간이 분포하거든요."

안 교수는 칠판에 다음과 같은 그림을 그렸다.

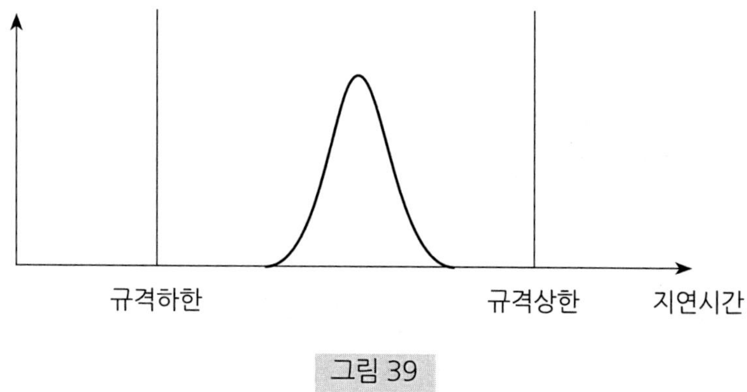

그림 39

“이런 모양이란 얘기네. 그치?”

“아, 네 직접 그려보지는 않았지만 그럴 것 같습니다.”

“데이터는 있는데 아직 분포도를 안 그려봤다는 거구나?”

“예. 저도 데이터를 오늘 받아서...”

안 교수는 무언가 생각하는 듯했다.

“흠, 군인들이니까 숫자를 좋아하겠지. 그렇다면 로트별로 추정 불량률을 가지고 관리도를 그려보면 어떻겠니?”

“예? 추정 불량률 관리도요?”

“응, 예를 들어 아래의 표와 같이 로트별 추정 불량률이 있다고 하면, 가로축은 제조일 세로축은 추정 불량률로 점을 찍고 선을 연결해보자.”

제조일(로트번호)	추정 불량률(%)
2015-01-01	0.0002
2015-03-01	0.00017

2015-06-01	0.00014
2015-09-01	0.00011
2015-11-01	0.00008

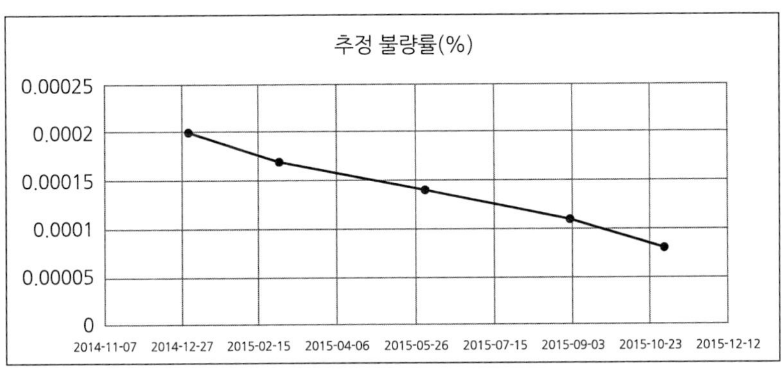

"보기에 어떠니?"

"불량률이 점차 감소추세네요?"

"그래. 그럼 네가 해당 제품을 받아쓰는 소비자이고, 2015-12-12일에 생산된 제품을 받을 거라고 가정해보자. 어떤 느낌을 받을 것 같니?"

"제품에 대해 안심을 하고 쓸 수 있을 것 같아요."

"그래 물론 제품마다 약간의 편차가 발생하여 추정 불량률 값은 0으로 나오지는 않지만, 국방규격의 지연시간이 보수적으로 설정되었다는 것을 고려하면 실제 불량률은 0에 근사할 거야."

"네, 그러네요."

"이런 자료를 가지고 소요군에게 보여줘서 제품은 문제가 없고, 지속적인 품질개선을 너희 회사가 하고 있다는 것을 보여주면 어떨까?"

대한은 그제야 조금 알 것 같았다.

"네, 돌아가서 로트별 불량률 관리도 그래프를 그려봐야겠어요."

대한은 가벼운 마음으로 안상수 교수 방문을 열고 나가려다 문득 빠트린 것이 생각났다.

"교수님, 그런데 추정불량률은 어떻게 계산하죠?"

본서에서는 불량률 계산을 위해 기존에 설명한 계수형 샘플링 검사방식 MIL-STD-105와 KS Q ISO 2859-1과의 일치를 위해 MIL-STD-414 및 KS 3951 표준을 사용하기로 한다.

표 73 MIL-STD-414 샘플크기 문자표

로트의 크기			검사수준				
			I	II	III	IV	V
3	~	8	B	B	B	B	C
9	~	15	B	B	B	B	D
16	~	25	B	B	B	C	E
26	~	40	B	B	B	D	F
41	~	65	B	B	C	E	G
66	~	110	B	B	D	F	H
111	~	180	B	C	E	G	I
181	~	300	B	D	F	H	J
301	~	500	C	E	G	I	K
501	~	800	D	F	H	J	L
801	~	1300	E	G	I	K	L
1301	~	3200	F	H	J	L	M
3201	~	8000	G	I	L	M	N

8001	~	22000	H	J	M	N	O
22001	~	110000	I	K	N	O	P
110001	~	550000	I	K	O	P	Q
550001		이상	I	K	P	Q	Q

표 74 최대허용가능 불량률 보통검사 한측 규격(분산을 모를 경우)

시료 글자	시료 크기	합격품질한계(AQL) (보통 검사)												
		0.040	0.065	0.10	0.15	0.25	0.40	0.65	1.0	1.5	2.5	4.0	6.5	10
B	3	↓	↓	↓	↓	↓	↓	↓	↓	↓	1.12	0.958	0.765	0.566
C	4	↓	↓	↓	↓	↓	↓	↓	1.45	1.34	1.17	1.01	0.814	0.617
D	5	↓	↓	↓	↓	↓	↓	1.65	1.53	1.4	1.24	1.07	0.874	0.675
E	7	↓	↓	↓	↓	2	1.88	1.75	1.62	1.5	1.33	1.15	0.955	0.755
F	10	↓	↓	↓	2.24	2.11	1.98	1.84	1.72	1.58	1.41	1.23	1.03	0.828
G	15	2.64	2.53	2.42	2.32	2.2	2.06	1.91	1.79	1.65	1.47	1.3	1.09	0.886
H	20	2.69	2.58	2.47	2.36	2.24	2.11	1.96	1.82	1.69	1.51	1.33	1.12	0.917
I	25	2.72	2.61	2.5	2.4	3.26	2.14	1.98	1.85	1.72	1.53	1.35	1.14	0.936
J	30	2.73	2.61	2.51	2.41	2.28	2.15	2	1.86	1.73	1.55	1.36	1.15	0.946
K	35	2.77	2.65	2.54	2.45	2.31	2.18	2.03	1.89	1.76	1.57	1.39	1.18	0.969
L	40	2.77	2.66	2.55	2.44	2.31	2.18	2.03	1.89	1.76	1.58	1.39	1.18	0.971
M	50	2.83	2.71	2.6	2.5	2.35	2.22	2.08	1.93	1.8	1.61	1.42	1.21	1.0
N	75	2.9	2.77	2.66	2.55	2.41	2.27	2.12	1.98	1.84	1.65	1.46	1.24	1.03
O	100	2.92	2.8	2.69	2.58	2.43	2.29	2.14	2	1.86	1.67	1.48	1.26	1.05
P	150	2.96	2.84	2.73	2.61	2.47	2.33	2.18	2.03	1.89	1.7	1.51	1.29	1.07
Q	200	2.97	2.85	2.73	2.62	2.47	2.33	2.18	2.04	1.89	1.7	1.51	1.29	1.07

미 국방성은 계량형 샘플링 검사 규격으로 MIL-STD-414를 모든 국방성 산하 기관에 사용하도록 제정하였으나, 1999년 2월 2일자로 폐지되었다. 이후 미 표준협회에서 제정한 ANSI/ASQ Z1.9로 대체되었다.

MIL-STD-414의 특징은 로트크기, 검사수준 및 합격품질한계(AQL)가 주어졌을 시, 샘플크기문자표에 의거하여 샘플수를 구하고 실험을 실시하여 데이터를 획득한다. 그런 다음 획득한 데이터로 로트추정불량률을 구하고 이 로트추정불량률을 허용된 값과 비교하여 로트에 대한 합부판정을 내린다. 심지어 샘플수가 3개인 경우도 로트추정불량률을 구할 수 있도록 설계되어 있다.

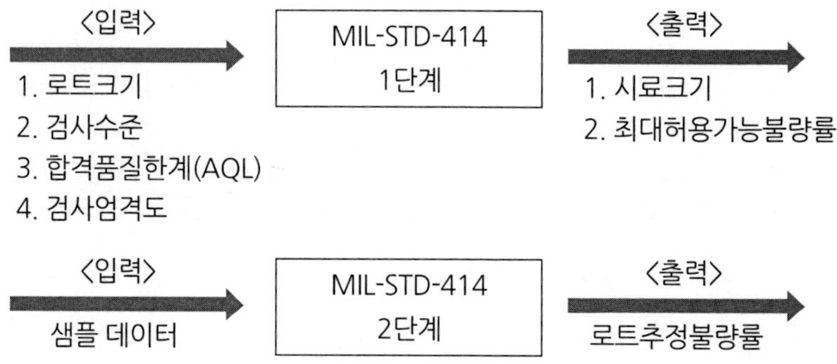

입력인자	설명
로트크기	3 이상이며, 총 17구간으로 나뉨
검사수준	I, II, III, IV, V 등 총 5수준 중 택일
합격품질한계(%)	총 13종류(0.04, 0.065, 0.1, 0.15, 0.25, 0.4, 0.65, 1.0, 1.5, 2.5, 4.0, 6.5, 10.0)중 택일
검사엄격도	수월한 검사, 보통 검사, 까다로운 검사 중 택일

규격이 한쪽에만 있는 경우와 양쪽에 있는 경우 각각에 대해 예제를 통해 설명해 보고자 한다.

표 75 MIL-STD-414 예제(모집단의 분산을 모를 경우 한쪽 규격)

단계	설명	계산과정
	ㅇ로트크기 : 40 ㅇAQL : 1% ㅇ검사수준 및 엄격도 : IV 및 보통검사 ㅇ시료수(n) : 5 ㅇ획득된 데이터 : 197, 188, 184, 205, 201	
1	ㅇ 최대 허용 가능 불량률	ㅇ3.32%(표 74참조)
2	ㅇ데이터들의 합 $\sum x$	ㅇ975(=197+188+184+205 +201)
3	ㅇ데이터들의 제곱합 $\sum x^2$	ㅇ190,435(=197^2+188^2+184^2 +205^2 +201^2)
4	ㅇ데이터들의 합의 제곱 값을 시료수로 나눈 값 $\frac{(\sum x)^2}{n}$	ㅇ190,125$\left(=\frac{975^2}{5}\right)$
5	ㅇ3단계에서 나온 값을 4단계의 값으로 빼줌 $\sum x^2 - \frac{(\sum x)^2}{n}$	ㅇ310(=190,435 − 190,125)
6	ㅇ5단계에서 나온 값을 (시료수 − 1)값으로 나눔 $\frac{\sum x^2 - \frac{(\sum x)^2}{n}}{n-1}$	ㅇ77.5$\left(=\frac{310}{5-1}\right)$
7	ㅇ6단계에서 나온 값에 루트를 씌움(편차) $\sqrt{\frac{\sum x^2 - \frac{(\sum x)^2}{n}}{n-1}}$	ㅇ8.81(=$\sqrt{77.5}$)

8	ㅇ데이터들의 평균을 구함 $\frac{\sum x}{n}$	ㅇ195$\left(=\frac{975}{5}\right)$
9	ㅇ규격요구사항	ㅇ209
10	ㅇ품질지수 -규격상한: $\frac{\text{규격치}-\text{평균}}{\text{편차}}$ -규격하한: $\frac{\text{평균}-\text{규격치}}{\text{편차}}$	ㅇ1.59$\left(=\frac{209-195}{8.81}\right)$ ㅇ현재는 규격상한만 존재한다고 가정
11	ㅇ로트추정불량률	ㅇ2.19%(계산법은 추후설명)
12	ㅇ최대허용가능불량률	ㅇ3.32%(표 74참조)
13	ㅇ로트추정불량률(11단계)와 최대허용가능불량률(12단계)을 비교하여 로트 합부판정	ㅇ합격(2.19<3.32)

표 76 MIL-STD-414 예제(분산을 모를 경우, 양쪽규격)

단계	설명	계산과정
	ㅇ로트크기 : 40 ㅇAQL : 1% ㅇ검사수준 및 엄격도 : Ⅳ 및 보통검사 ㅇ시료수(n) : 5 ㅇ획득된 데이터 : 197, 188, 184, 205, 201	
1	ㅇ 최대 허용 가능 불량률	ㅇ규격상한쪽: 3.32% ㅇ규격하한쪽: 9.8% (표 참조)
2	ㅇ데이터들의 합 $\sum x$	ㅇ975(=197+188+184+205+201)
3	ㅇ데이터들의 제곱합 $\sum x^2$	ㅇ190,435($=197^2+188^2+184^2+205^2+201^2$)

4	ㅇ데이터들의 합의 제곱 값을 시료수로 나눈 값 $\frac{(\sum x)^2}{n}$	ㅇ190,125$\left(=\frac{975^2}{5}\right)$
5	ㅇ3단계에서 나온 값을 4단계 값으로 빼줌 $\sum x^2 - \frac{(\sum x)^2}{n}$	ㅇ310(=190,435－190,125)
6	ㅇ5단계에서 나온 값을 (시료수－1)값으로 나눔 $\frac{\sum x^2 - \frac{(\sum x)^2}{n}}{n-1}$	ㅇ77.5$\left(=\frac{310}{5-1}\right)$
7	ㅇ6단계에서 나온 값에 루트를 씌움(편차) $\sqrt{\frac{\sum x^2 - \frac{(\sum x)^2}{n}}{n-1}}$	ㅇ8.81(=$\sqrt{77.5}$)
8	ㅇ데이터들의 평균을 구함 $\frac{\sum x}{n}$	ㅇ195$\left(=\frac{975}{5}\right)$
9	ㅇ규격요구사항	ㅇ규격상한: 209 ㅇ규격하한: 195
10	ㅇ품질지수 －규격상한: $\frac{\text{규격치}-\text{평균}}{\text{편차}}$ －규격하한: $\frac{\text{평균}-\text{규격치}}{\text{편차}}$	ㅇ규격상한 품질지수: 1.59$\left(=\frac{209-195}{8.81}\right)$ ㅇ규격하한 품질지수: 1.7$\left(=\frac{195-180}{8.81}\right)$
11	ㅇ로트추정불량률	ㅇ규격상한: 2.19%(추후설명) ㅇ규격하한: 0.66%(표 74참조)

12	ㅇ최대허용가능불량률	ㅇ규격상한: 3.32%(표 74참조) ㅇ규격하한: 9.8%(표 74참조)
13	ㅇ로트추정불량률(11단계)와 최대허용가능불량률(12단계)을 비교하여 로트 합부판정	ㅇ합격 (2.19 < 3.32 3.32 < 9.9)

11단계에서 10단계에서 계산된 품질지수값을 통해 로트추정 불량률을 구하기 위해 MIL-STD-414는 수십 페이지에 걸쳐 데이터를 제공하고 있다. 하지만 이를 매번 찾아보는 것은 무척 번거로운 일이므로 본서에는 이를 쉽게 구할 수 있는 엑셀 함수를 제공하고자 한다. 이 엑셀함수는 F분포를 활용하고 있다.

로트추정불량률=1－FDIST(1/(품질지수값*√샘플수)/(2*(샘플수－1)), 샘플수－2, 샘플수－2)

〈참고〉

1. Sampling Procedures and Tables for Inspection by Variables for Percent Defective, DoD, 99.2.2.

KS ISO 규격들 소개

KS Q 3951 계량형 샘플링 검사방식은 기존의 계량형 샘플링 검사방식인 MIL-STD-414 또는 ANSI Z1.9 대비 계산과정이 더 복잡해졌다. 또한 양측 규격일 경우에는 샘플의 표준편차가 허용된 값보다 크면 바로 로트를 불합격 처리하도록 설정되었다.

표 77 KS Q 3951 샘플크기 문자표

로트 크기			특별 검사수준				일반 검사수준		
			S-1	S-2	S-3	S-4	I	II	III
2	~	8	B	B	B	B	B	B	B
9	~	15	B	B	B	B	B	B	C
16	~	25	B	B	B	B	B	C	D
26	~	50	B	B	B	C	C	D	E
51	~	90	B	B	C	C	C	E	F
91	~	150	B	B	C	D	D	F	G
151	~	280	B	C	D	E	F	G	H
281	~	500	B	C	D	E	F	H	J
501	~	500	C	C	E	F	G	J	K
1,201	~	3,200	C	D	E	G	H	K	L
3,201	~	10,000	C	D	F	G	J	L	M
10,001	~	35,000	C	D	F	H	K	M	N
35,001	~	150,000	D	E	G	J	L	N	P
150,001	~	500,000	D	E	G	J	M	P	Q
500,001	~	이상	D	E	H	K	N	Q	R

표 78 KS Q 3951 샘플문자에 따른 샘플크기(보통검사) 및 2859-1과의 샘플수 비교

	B	C	D	E	F	G	H	J	K	L	M	N	P	Q	R
2859	3	5	8	13	20	32	50	80	125	200	315	500	800	1250	2000
3951	3	4	6	9	13	18	25	35	50	70	95	125	160	200	250

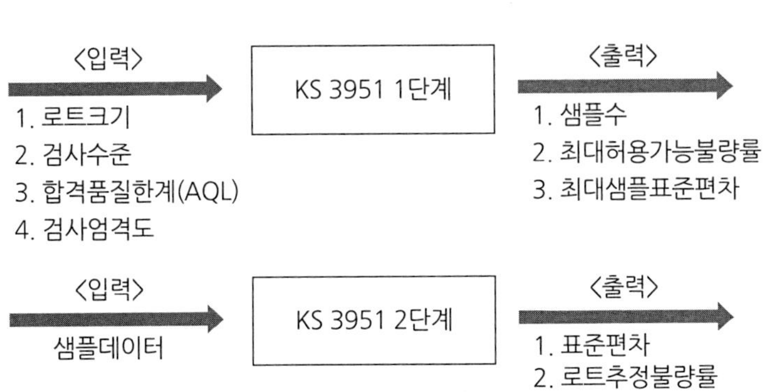

표 79 KS Q 3951에서 양쪽 규격인 경우 최대샘플표준편차표

시료 글자	시료 크기	최대샘플표준편차를 구하기 위한 f_s표															
		0.010	0.015	0.025	0.040	0.065	0.10	0.15	0.25	0.40	0.65	1.0	1.5	2.5	4.0	6.5	10
B	3	↓	↓	↓	↓	↓	↓	↓	↓	↓	↓	↓	↓	↓	0.474	0.507	0.595
C	5	↓	↓	↓	↓	↓	↓	↓	↓	↓	↓	↓	↓	0.376	0.393	0.425	0.481
D	8	↓	↓	↓	↓	↓	↓	↓	↓	↓	↓	↓	0.314	0.331	0.357	0.396	0.471
E	13	↓	↓	↓	↓	↓	↓	↓	↓	↓	↓	0.274	0.289	0.31	0.338	0.386	0.464
F	20	↓	↓	↓	↓	↓	↓	↓	↓	↓	0.245	0.257	0.274	0.295	0.328	0.375	0.457
G	32	↓	↓	↓	↓	↓	↓	↓	↓	0.224	0.234	0.248	0.264	0.289	0.321	0.372	0.426
H	50	↓	↓	↓	↓	↓	↓	↓	0.206	0.215	0.227	0.24	0.259	0.283	0.317	0.351	0.401
J	80	↓	↓	↓	↓	↓	↓	0.192	0.2	0.209	0.22	0.235	0.254	0.279	0.302	0.335	0.376
K	125	↓	↓	↓	↓	↓	0.18	0.187	0.195	0.205	0.217	0.232	0.252	0.279	0.292	0.32	0.368
L	200	↓	↓	↓	↓	0.17	0.176	0.183	0.191	0.202	0.214	0.23	0.243	0.261	0.281	0.312	↑
M	315	↓	↓	↓	0.162	0.167	0.174	0.18	0.189	0.2	0.213	0.224	0.237	0.253	0.276	↑	↑
N	500	↓	↓	0.155	0.16	0.165	0.171	0.179	0.188	0.199	0.208	0.219	0.231	0.249	↑	↑	↑
P	800	↓	0.149	0.153	0.158	0.163	0.17	0.177	0.187	0.194	0.203	0.213	0.227	↑	↑	↑	↑
Q	1,250	0.143	0.147	0.152	0.156	0.162	0.169	0.177	0.183	0.191	0.199	0.211	↑	↑	↑	↑	↑
R	2,000	0.142	0.146	0.15	0.155	0.161	0.168	0.174	0.18	0.187	0.197	↑	↑	↑	↑	↑	↑

비고 최대샘플표준편차는 (규격상한 - 규격하한)× f_s

표 80 KS Q 3951에서 샘플수, 평균, 규격 값이 주어졌을 시 로트 추정불량률을 계산하는 공식

규격하한	$B_{(n-2)/2}\left[\frac{1}{2}\left(1-\frac{\text{평균}-\text{규격하한}}{\text{편차}}\times\frac{\sqrt{\text{샘플수}}}{\text{샘플수}-1}\right)\right]$
규격상한	$B_{(n-2)/2}\left[\frac{1}{2}\left(1-\frac{\text{규격하한}-\text{평균}}{\text{편차}}\times\frac{\sqrt{\text{샘플수}}}{\text{샘플수}-1}\right)\right]$
$B_{(n-2)/2}(\bullet)$는 두 파라미터 값이 모두 $(n-2)/2$인 좌우대칭 베타분포함수이다.	

표 81 KS Q 3951 최대허용가능 불량률

시료 글자	시료 크기	최대허용가능로트불량률 (보통 검사)															
		0.01	0.015	0.025	0.04	0.065	0.1	0.15	0.25	0.40	0.65	1.0	1.5	2.5	4.0	6.5	10
B	3	↓	↓	↓	↓	↓	↓	↓	↓	↓	↓	↓	↓	↓	19.05	24.94	34.95
C	4	↓	↓	↓	↓	↓	↓	↓	↓	↓	↓	↓	↓	11.23	15.13	21.57	30.67
D	6	↓	↓	↓	↓	↓	↓	↓	↓	↓	↓	↓	6.724	9.246	13.29	19.02	29.03
E	9	↓	↓	↓	↓	↓	↓	↓	↓	↓	↓	4.196	5.833	8.437	12.12	18.52	28.13
F	13	↓	↓	↓	↓	↓	↓	↓	↓	↓	2.578	3.605	5.245	7.537	11.54	17.54	27.31
G	18	↓	↓	↓	↓	↓	↓	↓	↓	1.62	2.275	3.323	4.782	7.315	11.12	17.33	23.84
H	25	↓	↓	↓	↓	↓	↓	↓	1.012	1.428	2.084	3.010	4.603	7.01	10.91	15.03	21.03
J	35	↓	↓	↓	↓	↓	↓	0.6299	0.89	1.304	1.88	2.88	4.379	6.82	9.375	13.14	18.13
K	50	↓	↓	↓	↓	↓	0.4021	0.5690	0.8335	1.203	1.84	2.8	4.364	6.006	8.406	11.59	17.2
L	70	↓	↓	↓	↓	0.2511	0.3553	0.5209	0.75	1.15	1.75	2.725	3.753	5.255	7.257	10.74	↑
M	95	↓	↓	↓	0.1593	0.2254	0.3304	0.4765	0.7298	1.11	1.732	2.383	3.336	4.607	6.827	↑	↑
N	125	↓	↓	0.1001	0.1421	0.2081	0.3005	0.4602	0.7006	1.09	1.449	2.098	2.898	4.301	↑	↑	↑
P	160	↓	0.06265	0.08893	0.1302	0.1874	0.2875	0.4381	0.6818	0.9368	1.311	1.812	2.685	↑	↑	↑	↑
Q	200	0.03998	0.05689	0.08333	0.1202	0.1842	0.2801	0.4356	0.6007	0.8397	1.161	1.72	↑	↑	↑	↑	↑
R	250	0.03553	0.05209	0.07495	0.1151	0.175	0.2729	0.3753	0.5245	0.7258	1.076	↑	↑	↑	↑	↑	↑

비고 1. ↓ : 화살표 아래 최초의 샘플링 방식을 사용한다.
2. ↑ : 화살표 위 최초의 샘플링 방식을 사용한다.
3. 본 테이블의 최대허용가능로트불량률은 100을 곱한 값이므로 실제 적용 시에는 100을 나눈다.

표 82 KS Q 3951 예제(모집단의 분산을 모를 경우, 양쪽규격)

단계	설명	계산과정
	ㅇ로트크기 : 25 ㅇ검사수준 : II ㅇ합격품질한계(AQL): 2.5% ㅇ시료수(n) : 4(표 79 참조) ㅇ획득된 데이터 : 82.4, 82.2, 83.1, 82.3	
1	ㅇ 수락기준 - 최대허용샘플표준편차 (표 79 참조) - 허용불량률(표 81 참조)	ㅇ0.752 ㅇ0.1123
2	ㅇ데이터들의 평균을 구함 $\frac{\sum x}{n}$	ㅇ82.5
3	ㅇ데이터들의 표준편차를 구함 $\sqrt{\frac{\sum x^2 - \frac{(\sum x)^2}{n}}{n-1}}$	ㅇ0.4082
	ㅇ규격요구사항	ㅇ규격상한: 84 ㅇ규격하한: 82
4	ㅇ최대샘플표준편차를 구하고 충족여부 판단 -(규격상한-규격하한)×f_s -f_s 값은 표 KS 3951 참조	ㅇ0.752 =(84-82)*0.376 ㅇ편차가 최대허용샘플표준편차보다 작으므로(0.4082 <0.752) 통과
5	ㅇ품질지수 -규격상한: $\frac{\text{규격치}-\text{평균}}{\text{편차}}$ -규격하한: $\frac{\text{평균}-\text{규격치}}{\text{편차}}$	ㅇ규격상한 품질지수: $3.6747\left(=\frac{84-82.5}{0.4082}\right)$ ㅇ규격하한 품질지수: $1.2249\left(=\frac{82.5-82}{0.4082}\right)$

6	o 5단계의 품질지수값을 통해 불량률 계산 및 합부판정	o 규격상한 불량률 : 0.00 o 규격하한 불량률 : 0.0917 o 총불량률 : 0.0917 o 최대허용불량률보다 작으므로 로트 합격

〈참고〉
1. 계량형 샘플링검사 절차(KS Q 3951), 국가기술표준원, 13.12.30.

변경을 관리하자

"보시는 것처럼 투하탄의 로트 불량률 추정값은 매로트별로 지속적인 품질개선 노력으로 감소하고 있습니다. 물론 투하탄 지연 시간 값들 간에 편차가 발생함에 따라 추정불량률은 0이 아니나, 실제로는 크게 의미가 없는 숫자입니다."

강 팀장이 로트별 불량률 값의 관리도 그래프를 보여주며 발표를 마무리했다. 회의는 소요군, 과학사업청, 국가과학연구원, 국과기술연구원 등 모든 관계자가 참석한 자리였다.

"불량률 계산은 어떻게 했나요?"

"예, 저희는 크게 2가지 방법으로 하였습니다. 미국에서 사용하는 MIL-STD-414와 국제 표준화 기구의 KS Q ISO 3951에 의해서입니다."

"로트 추정 불량률 값이 0이 될 수는 없는지요?"

"연구원님도 아시다시피, 저희는 전수 검사가 아닌 샘플링 검사를 하므로 추정 불량률 값을 0으로 만든다는 것은 현실적 그리고 이론적으로도 어려울 듯합니다."

"그럼 앞으로 어떻게 했으면 좋겠습니까?"

"일단 저희 업체 측에서는 국방규격 중 치명 결점 사항에 대해서는 샘플링 검사 방법을 현재의 합부판정만 판단하는 계수형 샘플링 검사 KS Q 2859-1에서 불량률의 추가 정보를 얻을 수 있는 계량형 샘플링 검사방법인 KS Q ISO 3951로 바꾸는 것을 건의합니다. 그래서 매 로트 납품시 로트 추정 불량률 값을 제출하고 목표 값을 관리토록 하겠습니다."

그리고 말을 쉬었다가 강 팀장은 마지막 슬라이드를 제시했다.

"그래서 저희는 아래와 같은 양식의 국방규격 검사를 제안합니다."

검사대상	결함내용	결함분류	샘플링 방법	검사수준	AQL
		치명	KS Q 3951	S-1	0.1%
		중	KS Q ISO 2859-1	G-I	2.5%
		경	KS Q ISO 2859-1	G-I	4.5%

그때 국과기술연구원측의 한 연구원이 의견을 제시했다.

"불량률 값을 낮추기 위해서라도 변경점 관리를 했으면 좋겠습니다. 결국, 불량률 값의 변동이 생기는 원인은 변경점에서 발생하니까요."

"사실 변경점의 기준을 정하는 게 쉽지 않은 일이어서요."

"어려울 것 있습니까? 지금 바로 정하지요."

연구원은 칠판에 표를 작성하기 시작하였다.

대한은 옆에 앉은 1 파트장에게 작은 목소리로 물었다.

"변경점이 무언가요?"

"품질에 영향을 미치는 주요 요인들, 즉 사람(man), 기계(machine), 원자재(material), 작업방법(method), 작업환경(environment) 등의 변동요인이 발생 시 업체가 스스로 해당 영향을 분석 및 대책을 수립하고, 주요 변동사항에 대해서는 고객의 승인을 받는 제도를 의미하지."

"저희에게는 일거리가 또 늘겠네요."

"지금도 하고 있긴 하지. 다만 관리를 안 해서 그렇지."

주요 요인	인자설명	변경 내용	업체 자체 승인	고객 문서 승인	고객 방문 승인
man	품질책임자 변경		○		
	특별공정 검사자 변경			○	
machine	신규 금형 제작 및 수정			○	
	설비, 금형 및 2차업체 변경			○	
	1년 이상 방치 설비 재사용				○
material	원자재 공급처 변경			○	
	재질 변경			○	
	1년 이상 장기 재고품 사용				○
method	제조공법 변경		○		
	생산공정 이전		○		
	공정 재배치		○		

	규격 변경		○		
	검사 및 제조조건 변경			○	
	검사방법 변경			○	

과학사업청 회의 주관인 대령은 주의를 둘러보며 물었다.

"이 정도면 어떻습니까?"

다들 별다른 의견이 없었다.

"아무래도 제품을 사용하는 소요군 입장이 제일 중요할 것 같은데, 군수사 박 대령은 어때요?"

지목당한 대령은 순간 놀라며 마이크를 잡았다.

"네, 저희 소요군 입장에서는 사실 어려운 얘기보다는 사용할 때 아무 문제가 없는 제품이 납품되기를 희망합니다. 지금 얘기를 들어보니 이런 방향으로 즉, 변경점 관리라던가 불량률을 지속적으로 감소하는 방향으로 품질을 개선하면 저희는 안심할 수 있을 것 같습니다."

과학사업청 팀장은 회의를 마무리하며 말했다.

"그럼 크게 두 가지 방향으로 품질개선을 실시하는 것으로 마무리 합시다. 첫 번째는 치명결점의 국방규격에 대해서는 계량형 샘플링 검사방식을 적용하여 불량률을 매번 계산하고 이 정보를 납품 시 소요군에 제공하며, 두 번째로 변경점 관리 제도를 도입하여 품질에 영향을 미치는 주요 인자들에 변경사항 발생 시 안정성에 대하여 고객 승인을 받도록 합니다."

회의가 마무리될 무렵 국가과학연구원의 한 연구원이 손을 들고 발언했다.

"아, 공정능력지수도 추가로 계산해서 소요군한테 제공하시죠."

"공정능력지수요? 흠, 업체 의견은 어떻습니까?"

강 팀장은 마이크를 잡으며 얘기했다.

"예, 문제없습니다."

"네. 그럼 여기서 마무리하겠습니다."

대한은 생각했다.

'공정능력지수? 그거 MIL-STD-1916에 품질특성별로 정해놓은 값이 아닌가?'

표 100 MIL-STD-1916의 품질특성별 최소 공정능력지수 요구사항

결함분류	공정능력지수
치명특성	2.0
중특성	1.33
경특성	1.0

그렇게 회의는 마무리 되었다.

공정능력지수

공정능력지수(Process Capability Index, Cpk)란 규격대비 현재 공정의 제조능력을 측정하기 위해서 사용되는 방법으로 공정능력지수값이 클수록 제조능력이 우수함을 나타낸다.

산업현장에서는 크게 아래와 같은 방법을 통해 공정능력지수값을 계산한다.

공정능력지수 = 규격상한 공정능력지수와 규격하한 공정능력지수 중 작은 값

$$\text{규격상한 공정능력지수} = \frac{\text{규격상한} - \text{평균}}{3 \times \text{편차}}$$

$$\text{규격하한 공정능력지수} = \frac{\text{평균} - \text{규격하한}}{3 \times \text{편차}}$$

$$\text{편차} = \sqrt{\frac{\sum_{i=1}^{\text{데이터의 개수}} (\text{관측치}_i - \text{평균})^2}{\text{데이터의 개수} - 1}} = \sqrt{\frac{\sum_{i=1}^{n} (x_i - \bar{x})^2}{n-1}}$$

예를 들어, 골뱅이통조림을 생산하는 두 업체가 있고, 골뱅이 통조림 한 캔에는 최소 150g(규격하한), 최대 210g(규격상한)까지 골뱅이를 담아야 된다고 하자. 생산된 골뱅이 통조림의 무게를 측정한 평균과 편차 데이터를 가지고 공정능력지수를 구하면 다음의 표와 같다.

	평균	편차	규격상한 Cpk	규격하한 Cpk	공정능력지수
A사	190	5	$=\frac{210-190}{3\times5}$	$=\frac{190-150}{3\times5}$	=min[1.33,1.66] =1.33
B사	180	20	$=\frac{210-180}{3\times20}$	$=\frac{180-150}{3\times20}$	=min[0.5, 0.5] =0.5

따라서 A사의 공정능력지수가 B사보다 높으므로 A사의 제조 능력이 B사보다 우수하다고 볼 수 있다.

일반적으로 공정능력지수값은 아래와 같이 제조능력을 구분한다.

Cpk값	해설
> 1.33	공정능력이 충분하며 규격치를 만족함
1< <1.33	공정능력이 규격치를 겨우 만족함
<1	공정능력이 부족하며 규격치를 불만족함

또는 다음 그림과 같은 기준으로 제조능력을 분류하기도 한다.

Cpk값	해설	도해를 통한 해설
음수	평균이 규격치를 벗어남	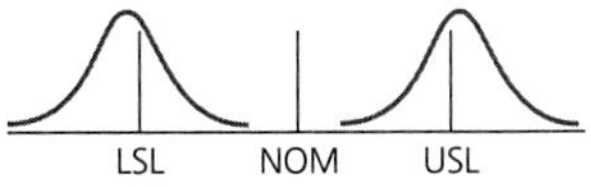 LSL NOM USL
0	평균이 규격과 정확하게 일치	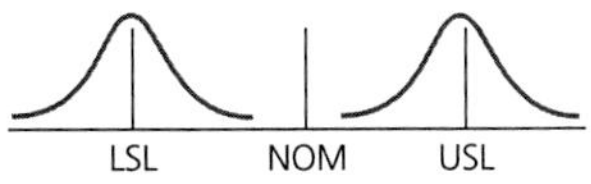 LSL NOM USL
0 < <1.0	6시그마 한계의 일부가 규격을 벗어남	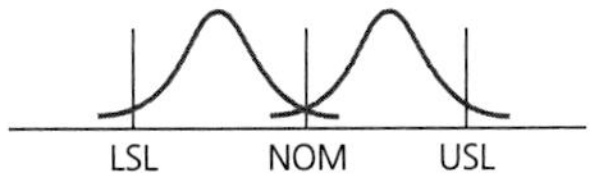 LSL NOM USL

1.0	6시그마 한계의 일부가 규격에 일치	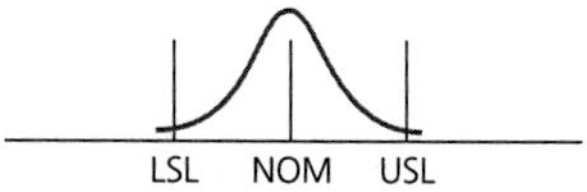 LSL NOM USL
>1.0	6시그마 한계가 완전하게 규격내에 존재	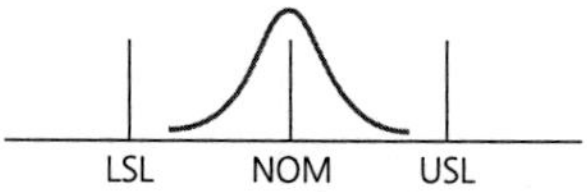 LSL NOM USL

문제는 또 발생할 것이고 우리는 또 답을 찾을 것이다

"대한 씨, 무슨 고민 있어?"

대한이 사무실 옥상에서 담배를 피우고 있을 때, 파트장이 어느새 커피 한 잔을 대한에게 건네며 물었다.

"아, 아닙니다. 이번 투하탄 문제가 잘 마무리되어서 다행이네요."

김 파트장이 웃으며 말했다.

"대한 씨 얼굴에는 아니라고 씌어 있는데?"

"네?"

"얘기해봐. 뭐 걸리는 게 있어?"

대한은 결심한 듯이 말했다.

"사실 회의 전에는 정신이 없어서 KS 규격을 꼼꼼히 못 읽었는데, 그제 KS Q 3951 규격을 보니, 계량형 샘플링 검사를 적용하기 위해서는 로트내의 측정치 데이터들의 분포가 정규분포를 띠어야 된다고 명시되어 있어서요."

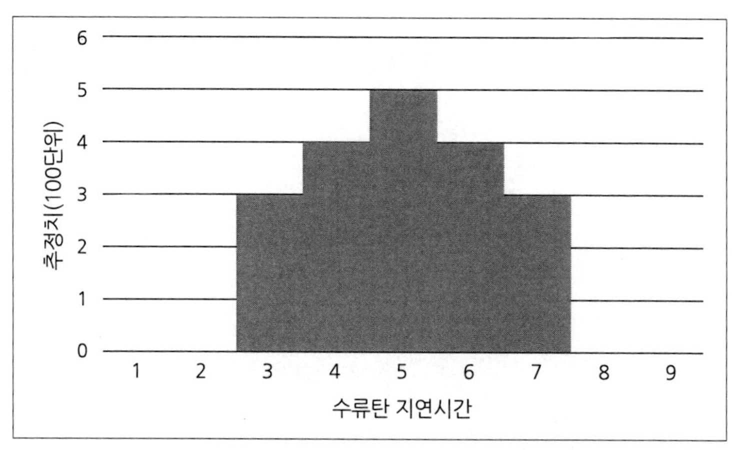

"정규분포? 그 종 뒤집어 놓은 모양?"

"네. 불량률 추정이란 게 모집단의 데이터들이 정규분포란 것을 가정하고 하는 것이어서요."

"흠, 그런데, 실제 데이터로 그려보니 그런 모양이 안 나오더라?"

"네, 이 그림처럼 혹이 두 개 달린 모양이 나오더라고요."

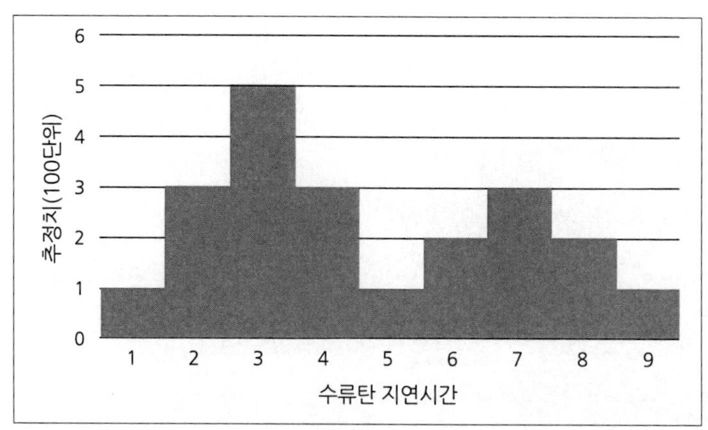

“흠, 그래서 고민이구나?”

“네, 괜히 안 되는 걸 저희가 만든 거 아닌지 모르겠어요.”

“하하, 대한 씨 우리 회사는 말이지…….”

김 파트장의 목소리가 워낙 커서 대한은 순간 놀랐다.

“네?”

“목표를 먼저 정하고 방법은 어떻게든 찾아내지.”

“그게 무슨?”

“계수형 샘플링보다 계량형 샘플링이 우수한 건 맞지? 특히 치명 결점의 경우는?”

“네, 그거야 당연합니다.”

“그래 그럼 정규분포에 데이터가 안 들어맞는 것은 이유를 찾아서 개선하면 되잖아?”

“네. 그렇긴 한데……. 그게 쉽지 않을 듯해서..”

“대한 씨 여기는 회사야. 고민은 집에서 하고 회사에서는 해결방법을 찾자고.”

“네? 네.”

“자, 그럼 내려가서 일하자.”

“네, 일해야죠. 일.”

내일의 대한은 오늘의 대한과 달라 있을 것이다.

그리고 내일 대한은 또 다른 문제에 직면할 것이고 문제의 답을 찾을 것이다. 늘 그랬듯이. 왜냐하면, 대한은 대한의 일원이기 때문이다.

저자소개

안남수

한국과학기술원 산업및시스템공학과 박사
LG전자 생산성 연구원 선임연구원
국방기술품질원 선임연구원
울산과학대학교 안전및산업경영과 조교수

주진천

동국대학교 컴퓨터공학과 학사
포항공대 컴퓨터공학과 석사
국방과학연구소 선임연구원
국방기술품질원 책임연구원

정지선

고려대 기계공학과 학사/석사
부산대 기계공학과 박사
국방기술품질원 선임연구원

박종완

전남대학교 공업화학과 학사
㈜한화 여수사업장 사업장장(상무)
㈜한화 대전사업장 핵심기술 품질보증팀(상무)

천영진

충남대학교 항공우주공학과 학사
㈜한화 방산부문 양산사업관리팀
㈜한화 대전사업장 핵심기술 품질보증팀(파트장)

무결점 균수품 품질확보의 처음과 마지막

통계적 품질관리

펴낸날 | 2017년 3월 15일

지은이 | 안남수

펴낸이 | 김동현

펴낸곳 | 민영사

주　소 | 서울시 성동구 독서당로 39길 43 1층

전　화 | (02) 711-1224~5

팩　스 | (02) 711-1226

등　록 | 2014년 1월 1일 제2014-000001호

Home | http://www.minyoungsa.com

E-mail | myspub@hanmail.net

ISBN | 979-11-86378-15-1　92320

정　가 | 12,000원